かかわりの手がかりをさぐる

地域にくらす知的障害・自閉の人たちのそばで

中新井 澪子◉著

社会福祉法人 創思苑 パンジーメディア◉企画編集

はじめに

中新井澪子

一九九六年四月「かかわりの難しい人について一緒に考えてほしい」との要請で、私のパンジーでの仕事は始まった。私は大阪府中央児童相談所（現・大阪府中央子ども家庭センター）、大阪府ポニーの学校（知的障害幼児の母子通所事業）、東大阪市療育センター（現・東大阪市立障害児者支援センター）等で、多くの障害をもつ子どもやその保護者に対し、面接相談、通所や訪問指導、心理判定、心理療法やカウンセリングを行ってきた。だが、成人施設での経験は皆無の上に、もう定年に近い私の年齢、本当にこの仕事が勤まるのか、躊躇したことが思い出される。でも、決心させたのもその年齢、五八歳はどのスタッフよりも年長だったことだ。

障害をもつ個人や家族の心の有り様は、成育する中で出会う専門家の対応や、当時の地域社会の受け容れ状況などに影響を受けている。それらとリアルに接してきた私の三五年の経験は若いスタッフの役に立つのではと思ったからだ。

その上、何より会いたい人たちがいる。本書にも登場するメンバーの中には、幼児の頃からその育ちにかかわっている人がおり、彼らの今が知りたい、お母さんたちとも話がしたい、ということでパンジーでの仕事をお引き受けした。

週一日とはいえ、それから一一年、『パンジーだより』でのレポートも四六回、本書は当時の原稿を加筆、編集して出来たものである。

『パンジーだより』一七号、一八号には、自己紹介をかねて次のように書いている。

「はじめまして、中新井澪子と申します。縁あって週一回パンジーでご一緒するようになりました。どうぞよろしくお願いします」と、こんな具合に一度自己紹介をしなければと思いながら、ズルズルともう二か月も経ちました。個々にはあいさつしているものの、メンバーの皆さんはきっと突然顔を出したこのオバサンは何者ぞと思っていたのではないかしら。ところがうれしいことに、少し警戒的な数人（これで当たり前なのですが）以外は、私がずっとパンジーのスタッフであったかのように普通に接してくれています。パンジーはその建物と同様に外部の人に対しても非常にオープンで、いろんな人が出入しているせいでしょうか。おかげで私は一番新米のくせに、大きな顔をして好きなことをさせてもらっています。

（一九九六年七月）

パンジーでは、私はほとんどクリエイティブ部門にいます。作業内容は日により人により異なりますが、集中して取り組んでいる人もあれば落ち着かない人、休憩している人さまざまです。

私はメンバーたちが何をどんな風にしているかということより、彼らが今何をどのように感じ、どんな気持ちでいるかに注目しています。何をしていても、全く何もしていなくても、自分自身を素直に出せているかどうかが気になります。

言葉で訴えることの下手な人でも、表情の変化の少ない人でも彼らの動きや態度の中に、本人の思いと与えられた状況とのズレを見てとることがあります。また不安や不満が昂じての攻撃や引きこもりなど心配な時は、彼らと個別に話し合うようにしています。自由な話の中から、対応のヒントが見つかることがあります。

集団生活での不適応行動はお母さんを悩ませ、相談を受けることもあります。夕方からはスタッフたちとミーティングを行ない、具体的なかかわり方を検討しています。

話し合われるのは、メンバー個別の問題だけでなく、同じ障害をもつ人たちに共通する事柄についてや、作業場面の設定、指導方法、施設側のスタッフの配置の問題などもあります。短期間では解決できないことが多いのですが、問題の理解と解決の方向性をお互い確認しているところです。そんな中から、メンバーの行動や思い、私自身が感じたこと、具体的なかかわりなど書いてみることにしました。「乞うご期待」と言いたいところですが、あまり自信はありません。皆さんからもご意見を聞かせて下さい。(一九九六年九月)

一九六〇年代、日本の社会状況は大きく変わりつつあった。経済成長、都市への人口集中、核家族化、団地の誕生、家電の普及、医療技術の進歩、小児の死亡率低下など。

神話にも登場するように、いつの時代にも障害をもって生まれてくる子どもはいたと思われるが、乳児期を生き延びることは難しく長く生きられなかった。一方で、障害の軽い子どもは成長して、農耕社会の中では働き手として十分認められていたことだろう。もちろん、戦争など非常事態の時は、足手まといと遺棄されたり、格式社会では家の恥として座敷牢に隔離された不幸な歴史も知っている。現在に至る前述の新しい社会環境は、周りの「社会の時間」を加速させ、自分の「体の時間」とのギャップ（追いつけない、がんばれない自分を肯定できない）という生きにくさになった。

このように、もって生まれた障害以上に、その時代や地域の社会的環境による不利は大きい。またヒトの脳は保守的で「体の時間」と同様、人の心（感情理解）

も大昔からあまり変わっていないそうだ。障害をもつ人の「問題となる行動」はさまざまな生きにくさの中で二次的に発生していた。「かかわりの難しい人」は生きにくさ、動きにくさを強く感じている人、傷ついている人ではないかとの思いが本書につながっている。

昔の話を続けよう。一九六一年に、児童相談所で知的障害幼児とその保護者へのかかわりを始めてから、一九九六年に、パンジーで知的障害者とその周りにいる人への支援を一緒に考えるまでの三五年間、障害児者をとりまく状況の大きな変化にも注目しなければならない。

東大阪市でも、相談や健診による障害の早期発見、受け皿として無認可の通所施設、隣市に養護学校が出来た。一方で、きょうだいと同じ保育園に入りたい、就学義務化は養護学校ではなく当たり前に校区の学校へとの入所入学運動も激しく、それでは子どもの発達が保障されないという反対意見との論争もあり、そんな中から、一九八〇年、相談、診療、療育、保育所・学校・在宅障害者への訪問支援、緊急一時預かりなどを行う東大阪市療育センターが開設された。施設中心ではなく、障害をもつ子どもの地域での育ちや、それを支える地域の関係機関との連携を重視した。その後一九八一年の国際障害者年で拡がった「ノーマライゼーションの思想」と「新しい自立観」に基づき、施設入所がメインだった国の施策も在宅福祉サービスに重点が置かれるようになった。ホームヘルプサービス、グループホーム、ショートステイなどがあり、また、学校卒業後の小規模作業所や、認可通所施設も増え、独自の活動も始められていた。

この間の変化で、家族が最もとまどったのは、自閉症の原因と対応についての専門家の意見である。難聴を疑われた事例もあったが、多くは、母親の心理的なかかわりの失敗が原因と言われた。自閉症の子どもは、運動発達に大きな遅れが見られないので、親は「育て直しが出来れば」「言葉さえ出てくれれば」普通になると期待した。専門家に「すべての行動の受容を」「愛着形成のために出来るだけ抱っこを」と助言され、母親は懸命に努力し疲れ果てた人もいた。「受容」や「抱っこ」が悪いのではないが、自閉症を治療するための行為ではない。触覚過敏など身体感覚に偏りのある子は抱っこを嫌がる。要求とずれた受容はかえって困乱させる。

私が自閉症の原因（母子関係の失調）に疑問を感じたのは、一九六六年のHくん（四歳、精神遅滞＋情動障害と診断された男の子）との出逢いからだ。

人への関心に乏しく発語がないとの主訴で来所、週一回遊戯療法的なかかわりをグループで行ってみた。他児（知的障害児）の大きな声や物音には両手で耳をふさいだり、すべり台での早い動きは自分でも他児の時でも目をつむる。彼の聞こえ方、見え方を想像しながら話しかけた。母親から数字を見るのが好き（電話帳や自動車のプレートナンバー）との情報を得たので、数字カードを作って遊ぶとすぐ覚える。物を使うとやりとりが出来る。次にひらがなの積木で五十音の練習、家でもやってもらった。一字ずつ積木を並べて、自分の名前、身近な物の名前を教えたりした。私の言葉どおりの字を選んで並べた時はうれしかったし、私の名前の時は、選んだ五個の積木の並べ方に迷って「な・ら・あ・か・い」になったりして興味深かった。その後、一音ずつの発声からやっと発語につながった。一七年経って、大学生の彼が東大阪市療育センターに一人で会いに来てくれた。うつむき加減に話す彼の様子から、対人面、感覚面の不調が感じられた。
一九八〇年代、自閉症の原因は、中枢神経系機能の発達の障害とされ、名称もＷＨＯ（世界保健機関）の分類に従って広汎性発達障害となった。多くの特異な症状の中でも「感覚の偏り」が注目され、感覚統合療法が取り入れられたこともある。

こんなに変わりゆく時代、さまざまな人との出逢いの中で育ってきたパンジーの仲間やお母さんたちの、その心の重みや厳しさを私は共有したかった。亡夫の「専門性は日常の中で」のコトバを支えに過ごした私のパンジー生活からの報告が、今を生きる皆さんのお役に立つことを願って、本書を届けたい。

パンジーについて

林　淑美

パンジーとは、東大阪市で社会福祉法創思苑が運営をしている日中活動の事業所の名前です。

社会福祉法人創思苑は、知的障害のある人たちがどんなに障害が重くても、地域で自分らしく暮らす事をめざして活動をしています。

一九九三年に日中活動の場であるクリエイティブハウス「パンジー」をオープンしました。その後、二〇〇〇年にパンジーⅡ、二〇〇九年にパンジーⅢと続き、二〇一九年四月には、香川県高松市にパンジーⅤをオープンしました。

現在、クリエイティブハウス「パンジー」など四つの事業所で、およそ一三〇人の知的障害者の日中活動を支援しています。

通ってきている人の九割が、障害が重い人です。

目が見えなかったり、車いすを利用していたり、知的障害だけでなく重複の障害をもっている人も多くいます。

また、激しく興奮するなどの行動障害をもっている人や、酸素吸入などの医療的ケアが必要な人もいます。

活動は、主に自分たちが作ったパンや、仕入れた体にやさしい商品を、学校などに売りに行っています。

この活動には、二つの目的があります。

一つは、作った物などを売って、そのお金が自分たちの給料になる。そして、その給料で自分の欲しいものを買うなど自由に使う。この循環を当事者の人たちに常に実感してほしいと思っています。

そしてもう一つが、販売を通して当事者が地域の人とかかわることです。

職員がかかわりが難しい人と感じている人たちについては、スーパーバイザーの中新井先生に相談をしたり、ワークショップを開催したりしました。

一泊二日のワークショップは、主に自閉のある人たち、職員、中新井先生、精神科医であり嘱託医の石神亙先生、そして希望する保護者が参加し、一人ひとりに合ったかかわりをさぐるために開催をしていました。

一人ひとりの暮らしは、主にグループホームと自立生活支援センター「わくわく」が支えています。

二七か所のグループホームでは、およそ八五人の人が親から自立して自分のくらしを楽しんでいます。その中には入所施設から地域移行した人もいます。また、重度訪問介護制度を利用して一人暮らしをする人も増えてきました。ここでも、障害の重い人が九割です。

自立生活支援センター「わくわく」は、ガイドヘルパーを利用しての外出や自分らしく暮らすための相談を担っています。

さらに、私たちが大切にしていることがあります。

「ピープルファースト」です。

「自分たちのことは自分たちで決める」「私たちもひとりの人間」という意味です。

「ピープルファースト」は、一九七四年アメリカで知的障害をもつ当事者が始めた運動です。

日本で活動が始まったのは、それからおよそ二〇年後の一九九三年でした。

創思苑は、設立当初からかかわってきました。

知的障害当事者が、「自分の人生は自分で決める」事と、「一人の人間として認められる社会」を作る活動を支援しています。

そしてもう一つ、「地域で自分らしくくらしたい」と思っている知的障害のある人たちのことを社会の人たちに知ってもらいたい。その思いを映像で発信しようと、二〇一六年にパンジーメディアの活動を始めました。それが「きぼうのつばさ」です。

「きぼうのつばさ」は、二〇一六年九月から毎月一回、インターネットで配信をしています。

なぜ、知的障害のある人たちの支援だけでなく、たくさんの活動をしているのだろうと疑問に思う人がいるかもしれません。それは、知的障害のある人が自分らしく地域で暮らすためには、本人や家族だけの努力では限界があると考えているからです。

社会の人たちが知的障害のある人たちのことをもっと理解すること、そしてこの社会が誰もが生きやすい社会になること、この二つも大切な要素だと考えています。

目次

かかわりの手がかりをさぐる

地域にくらす知的障害・自閉の人たちのそばで

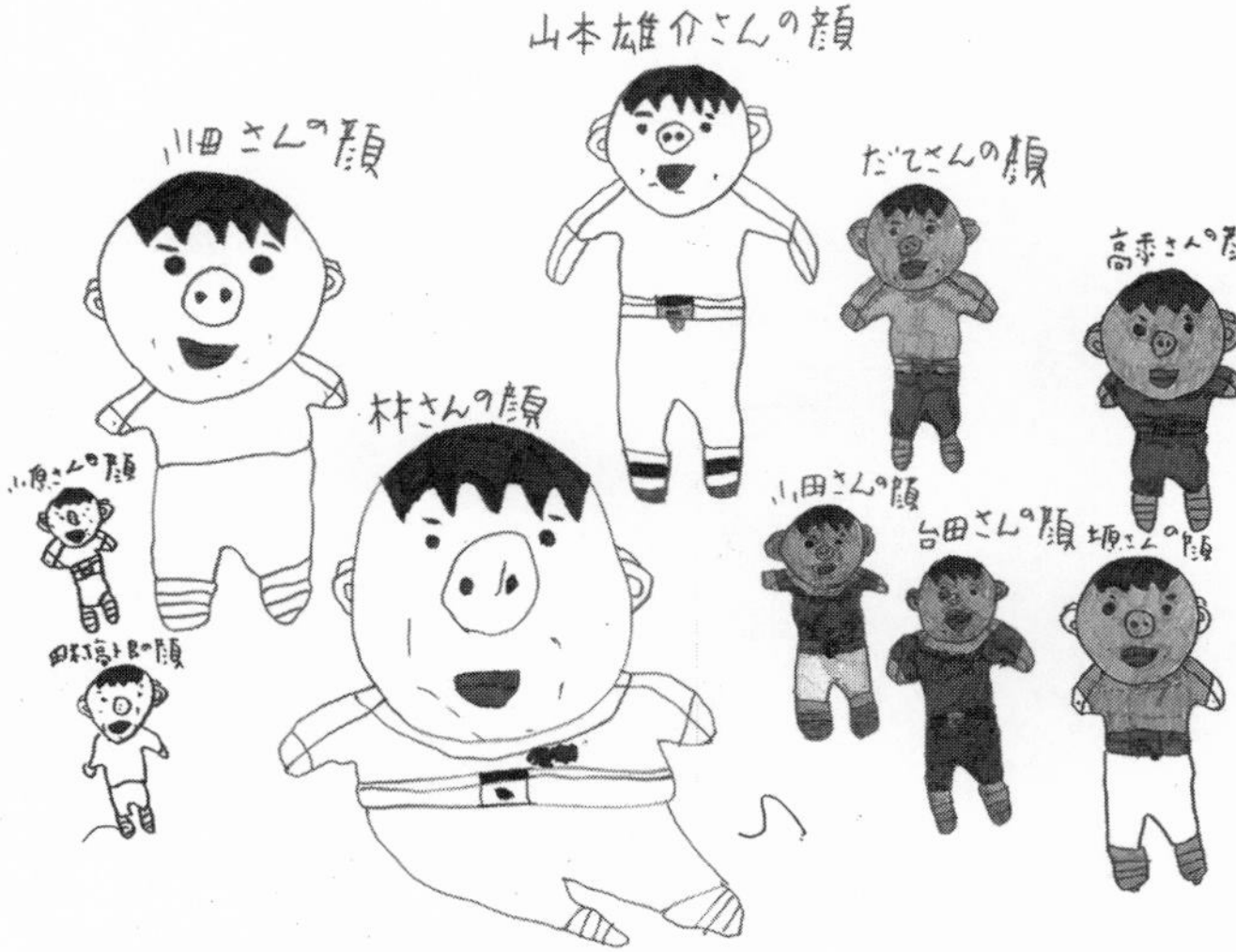

PART1　心の居場所

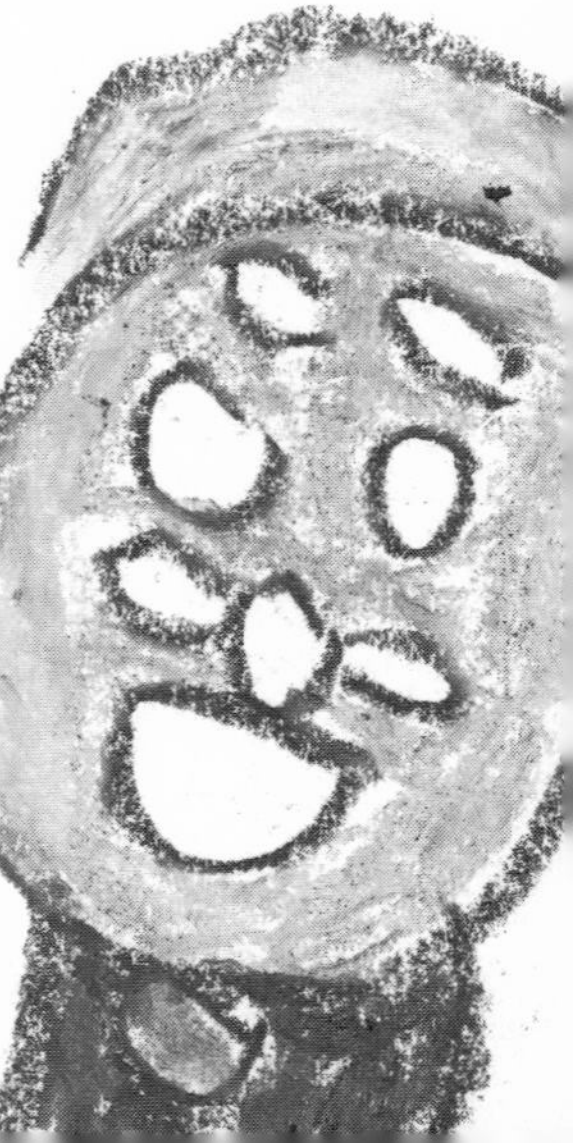

PART2　言葉とコミュニケーション

PART3　からだ・いのちのこと

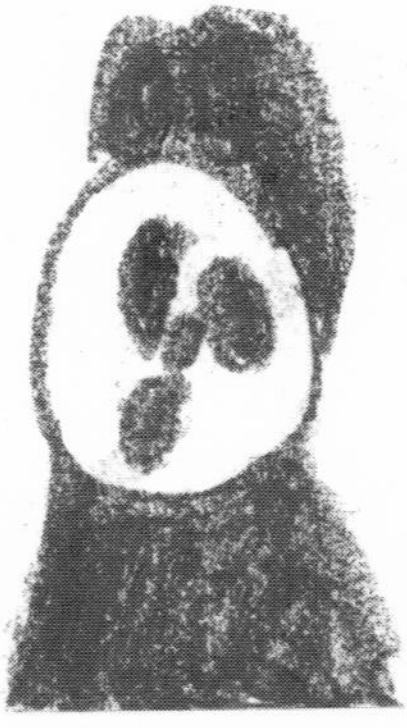

PART4 問題行動と安心感

PART5 「加齢」について

PART 1

心の居場所

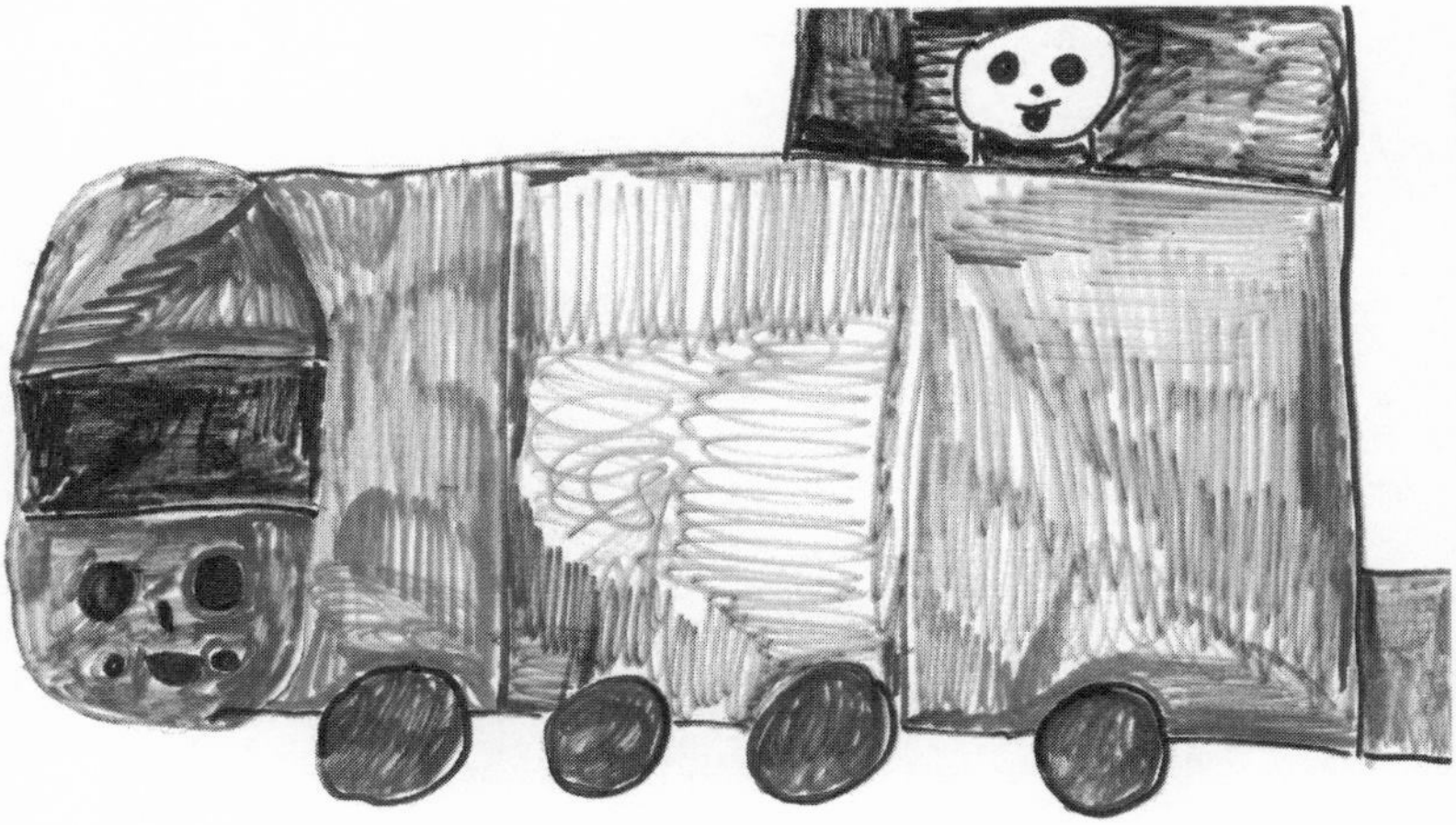

落ち着かないのではなく、落ち着けない!?

パンジーに来て、一番はじめに相談をうけたのは「作業に集中できない人」へのかかわり方だった。落ちつきのない彼らの気持ちに思いを寄せるとき、その理由は大きく分けて三つあった。①作業場面が落ちついていない。②今、心ここにあらず。③作業内容が難しすぎる。今回は最も対応がはやくできた①の例をお話ししたい。

①に多いのは、自閉症やその傾向をもつ人たちである。彼らは自分の周りで刻々経過していく状況や情報を五感で受けとめ、整理統合していくことが苦手なようだ。行動の基になる状況の理解がまず伴っていない。また、感覚過敏の問題もある。だから、新しい場面や、急な変更には不安になり、決まったパターンを固執しようとする。決してわがままで抵抗しているのではなく、状況の意味がつかめずに

困惑したり、他のメンバーの声や動きに間違って反応したりしていることが多い。

だが、その困難や要求を周りにいる人にわかるように伝える方法が分からないので多動、奇声、乱暴等になってしまう。そこで目や耳から入る刺激をできるだけ少なく一定にするために、作業机を部屋の端によせて壁に向かって仕事ができるようにした。


また、机の上は、今彼が行なう仕事の流れが一目で理解できるように設定するとともに、一日のスケジュール表示も彼に分かるように作ってもらった。このような場面設定は「ＴＥＡＣＣＨプログラム」といわれる治療教育法の中の「構造化」のアイディアを応用したものだが、自閉症の川西さんにとっては、他のメンバーの動きをあまり気にせずに仕事に集中できるお気に入りの場所になったようだ。周りからの刺激を制限した中で、何を、いつまで、どのように作業すればよいのか、次に何があるのかを示すことにより、川西さんの理解を支援した。

今までは見たら分かるだろうとの前提でやっていた畑仕事も、仕事内容別にロープで区切って、絵や文字で書いたプラカードを立てるなどの工夫があれば、落ち着いて参加できる人も多いと思う。

自閉症の人だけのことではなく、不十分な情報の中で物事への対応を覚えてしまうと、状況が変わったときに間違った行動や反応になったり、トラブルの原因になったりする。

このようにトラブルの原因の多くは双方の理解の「違い」からくる誤解によるものも少なくない。そこでスタッフは、メンバーの状況の理解への支援を探り、彼らに、今、ここで必要な行動を伝える。そして周りにいる人たちにも彼らの不適応行動の原因を分かってもらうよう努力していきたい。

心の居場所

今回は落ちつけない理由の②「今、心ここにあらず」について考えたい。他のことが気になって仕事が手につかない状況は誰しもよくあることで、心が今どこにあるかを自覚している時はとりたてて問題になることはない。心の所在が本人にも周りの人にもはっきりしない場合に軋轢が大きくなる。

言葉で意志や気持ちが伝えられるのは便利だが、言葉が必ずしもありのままの心を表現しているとは限らない。それは能力の問題ではなく、その場の状況や伝える相手との関係性の中で心にもないことを口走ることもある。また、本当に自分が欲していることに気づかないまま手近な要求を並べることも多い。

例えば西尾さん。一応部屋にはやって来るが、仕事には見向きもせずスタッフをつかまえて盛んに訴える。「○○に電話をかけたい」「□□とコーヒーを飲みたい」「旅に出たい」など。今まで何回電話をかけてもコーヒーを飲んでも、決して彼はそれで満足していないことをスタッフは承知している。それでも同じ要求を繰り返す西尾さんに戸惑いながら、彼の言葉に反応してしまう。「何回も電話するのは良くない」「昼休みまで待とう」「どこへどのように旅行したいのか」。それがまた彼をいらだたせ破壊的行動をひきおこす。

西尾さんとは床の上に座りこんで話を聞いたことがある。

彼は自分が車イスを使うことになったことにずっと納得できずにいるようだ。パンジーで作業している今の状況は認めがたい、スタッフと同じような行動がしたい。子どもの頃は出来たと何度も言う。子どもの頃に戻りたい？　その気持ちを受けとめると急に素直になり、表向きの要求はどうでもよくなっていくようである。そこで一日一度でいいから彼と真正面に向き合って、彼の言動ではなく気持ちにつき合う時間をもつことを提案した。「いくら話をしても満足できない気持」「現実から出ていきたい気分」の中で、西尾さんは甘えを直接出すようになる。スタッフはどこまで許容したらよいか躊躇することもあったが、彼自身も気づいていなかった母子関係に見られるような基本的な信頼感を今、体験しつつある。仕事にはまだ集中できないでいるが。

ありのままの自分を「愛され　守られ　信頼される」実感――心の居場所――を求めて彼の心はここになかったと言うことができる。これは、「愛され　守られ　信頼されて」こなかったということではない。西尾さん自身がそれを感じとれてこなかったのだ。いろいろな原因で「かかわり」と「受け止め」の間にもズレが生じることを知っておこう。

素材あそびで世界を拡げる

障害をもつ人に対する国の施策は、教育でも授産でも、障害別程度別に分けられている。できるだけ同じような能力をもった人が集まっている方が、指導する側にとって効率が良いからである。では、当事者にとってはどうなのだろうか。

自分と同じような障害をもった集団の方が落ちつく、安心できるという人もいれば、いろんな人がいる方が活気があって楽しいという人もいるだろう。私は学校でも施設でも地域が基盤だと思うから、地域の中にはいろんな人がいて当り前と考えているが、この当り前の状況を限られた場所と人で受けとめていくのは至難の技だということもよくよく知っている。パンジーはその難題をあえて引き受けて出発した施設だから、十数種類の仕事を用意しても、まだ十分参加できない人がいても不思議ではない。技術的な創意工夫には限界がある、心意気だけでは長続きしない、人的物的環境整備などなど……作業に集中できない理由の三番目「作業内容が難しすぎる」はこの施設にとって宿命的課題といえるかもしれない。

ささやかな試みを紹介したい。岩田さんはいつも機嫌よく、お気入りのひもをくるくる回している。ひもは目ざとく見つけて手にもつのに、他の物は手探りの感じで、物によって口に入れたり放り出したりで、見て触って確かめることが少ない。彼女の世界をもっと拡げるには、探索行動を豊富にして手と目の協応を確かなものにしたいと思った。それには「遊び」だ。パンジーには遊具はないが、素材はいっぱいある。ハンガーの部品（プラスチック）、ハンガー組立用の丸棒（木）、パン生地（小麦粉）、陶芸粘土、ティディベアの綿、さをり織り、乾燥したハーブ、庭の雑草や土などなど。そこで広口のガラスビンに部品を出し入れしたり、丸棒で叩いて音を聞いたり、ビニール袋にちぎった紙を入れて風船にしたりしてかかわることにした。綿をちぎる、ミントやラベンダーを茎からもぎとる、などは皆の作業の一部を分担することにもなり、メンバーからも激励がとぶ。岩田さんの手遊び（作業）を続けていく中で粘土を口に入れなくなって陶芸の先生を驚かせたこともあった。ただし、今のところ、スタッフが一人ついていないと参加できないのが悩みのタネだ。

生きていく形を教える

心が幼児っぽくて、あるいは、かたくこわばってうまく動かなくて、外の世界に閉ざしたままの状態になることがある。これは障害の有無にかかわらず、心がうまく育てられてこなかった人や、心的外傷（拒絶、喪失、挫折、暴力など）を負った人に起きうると思われる。問題は心の状態がまわりの人に見えないので、その頑なな態度や引きこもり、時にパニックなどが、単なる本人のわがままや怠惰、反抗と見なされてしまうことである。当然厳しくしつける対応を望む声が多い。

前々回に登場した西尾さん。彼の心はまだ不安定で協調的に動けていない。彼の自己中心的な行動は、まわりの人に少なからず動揺を与える。実際、仲間の栗原さんは「西尾さんに対しても、職員に対しても腹が立つ。どうしてもっと厳しく叱らないのか。見ていてイライラする」と私に話してくれたことがある。

身体の機能障害で寝たきり状態の人を起こしていくには、動かす形がある。筋肉をあたためほぐし、少しずつ可動域を拡げるといった援助には誰も腹が立たない。必要だと認めているからである。同様に、心が傷ついてうまく動かない（心理的寝たきり状態）人の場合についても、安心して心を開くことができ、人とのかかわりを通して心の柔軟性を身につけていくプロセスが必要ではないか。その上で、生きていく形を責任をもって教えることになる。知的障害がなくても、引きこもりや家庭内暴力で苦しんでいる若者も多い。悩んでいるのは本人だけでなく、彼らのきょうだいたちもきっと心を痛めているのだろうと、仲間の栗原さんの訴えを聞いていて思った。

共に生活する中で、メンバーやスタッフは、西尾さんの心の成熟や回復のプロセスを、どこまで許容しどこまで支えていけるか、これからも話し合っていきたい。

そういえば二宮金次郎にこんな言葉があった。

「可愛くば五つ教えて三つ褒め二つ叱って良き人となせ」

問題になっている行動

問題行動とは、あくまで周囲がそう捉えているのであって、当人にとっては無理からぬ事態の反応であることが多い。①要求を通そうとする意志または通らないことへの反応、②状況が理解できないための困惑や回避の表現、③周囲の無関心に対する反応、④特別な感覚や状況への強いこだわりの表現などが考えられる。

パンジーにおいても、問題とされる行動は日常的に頻発している。中には、一緒に生活している者の神経をすり減らすようなのもあるが、慣れてしまえば、パンジーの中ではほとんど問題にならない行動も多い。だが、それらは一歩パンジーの外に出れば、苦情が寄せられる迷惑行動になる。
スタッフはまず、問題とされる行動への理解を深めることにした。おしまコロニーのガイドブックを参考に、本人の立場からの原因や、行動が起きる時の周囲の状況、これまでの経緯、その行動を変えることの必要性、社会の側の許容度など話し合っている。

自傷他害、器物破損、強迫性行動や奇声、跳びはね、放浪など、これらはもっている障害からではなく、育ってきた中で二次的に身についたものである。長期間続いていてかなり習癖化しているのもあって、行動そのものを変えるのは簡単ではなく、時間をかけてかかわり続けることになる。その間も不適切な対応により、よけいこじらせたりしないよう心がけたい。突発的に見える行動も、必ず引き金になっている原因がある。それを事前に察知し、特に他害などは毅然と制止する。やってから注意するより「してはいけないこと」が伝わりやすいと言われている。また、代わりの許容される行為を見つけて、生活の中での折り合いのつけどころを探っていく。

このように外に向かう行為は、少々周りは迷惑でもまだ対応が模索できる。だが、強度な自傷行動をもつ池淵さんについては、祈るような気持ちでそばにいて、頭や顔を強打するその手を時々にぎりしめながら見守ることしかできなかった。

お母さんと話し合って、症状の悪化を覚悟で母子分離してから一年、パンジーの生活がようやく彼の中に根づいたような実感がある。

ほほの青アザがとれたことも喜ばしいが、何よりお母さん以外の人と安心して生活できる基盤ができたことが本当にうれしい。次回は池淵さんの一年をふり返ってみたい。

親離れ、子離れ 1

私がパンジーで仕事をし始めた頃、池淵さんは頬や後頭を平手打ちする自傷行為のために通所できずにいた。激しくなるとボクサーのような網膜剥離の危険があるという。家にいて、本人の思い通りの生活をしていると顔の青アザも目立たなくなってくる。お母さんは今度こそ大丈夫と思ってパンジーに来るが、しばらくすると再発する。二年間そんな繰り返しの中、母と一緒に昼前にパンジーに来て、母も一緒に食事をする。午後からも母がつかず離れず池淵さんのそばにいて、自傷行為が激しくならないよう気を配るという毎日で、心配でスタッフに任せられない様子だった。

こんな状況についてお母さんから相談をうける。自傷行為は息子の自己表現であり、理解してもらえれば止まるという母。私は池淵さんを理解するには、池淵さんが母以外の人と安心して生活できるような関係づくり（土台づくり）が必要と考え、そのためにはお母さんがそばにいない方が良いのではと提案した。

自傷が止まる見通しのなさへの不安、失明の心配など葛藤は大きかったと思うが、お母さんは決意されたのだろう。以後正月休みまで池淵さんはほとんど休ま

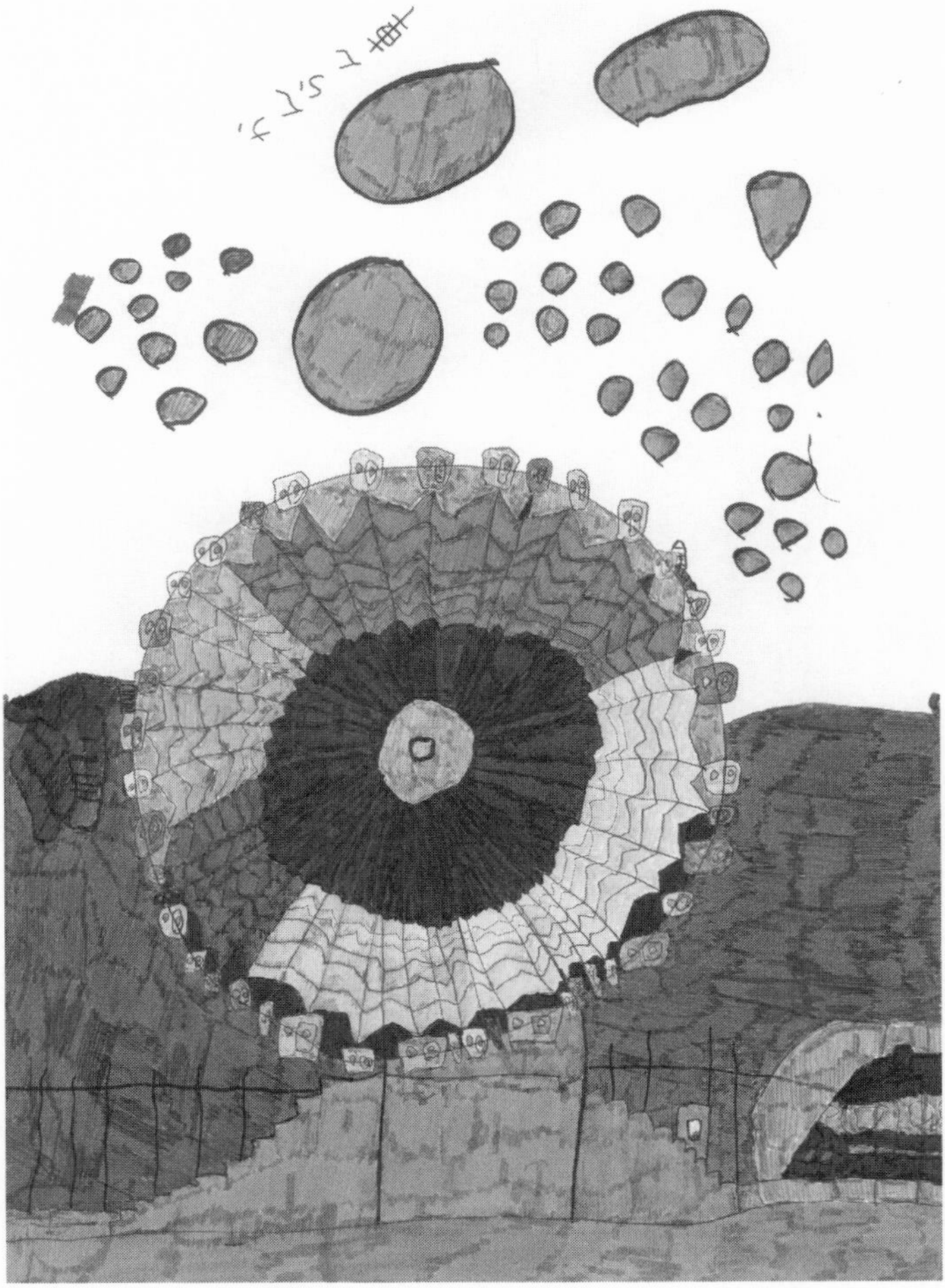

ずに通所する。

母は池淵さんの表情や動作から、彼の要求や気分を察し、それを言語化する。正解だと彼は大きく「ウン」とうなずくのである。パンジーでも、スタッフの大北さんが中心になって、食事や着替え等一人でできることでも手伝いながら、言葉をかけていく。彼の好きな車での外出もやめて、作業室での居場所や仕事（してもしなくても）を一定にし、落ち着いた生活を用意した。

居場所やかかわるスタッフの固定などの配慮は彼の要求や抵抗、気持ちの変化を理解しやすくすると考えたからだ。


池淵さんを送ってきた母がすぐ帰ってしまうようになって、やはり彼の自傷行為は激しくなった。頬は紫色から黒ずんで、そばについてるスタッフもつらい時期が続いた。叩く音が他のメンバーをイライラさせたりもした。でもこの時期一番耐えたのは本人とお母さんだったろうと思う。

叩きながらも彼の動きに変化が見られた。大きな声で「マム」と言う。「お母さん帰ったね」「そばにいてほしい?」「必ず迎えに来るからね」などと応えるが、やっぱり「マム」と言って私を押す。「お母さんを呼んできて欲しい?」には「ウン」とうなずく。また、いつも横で食事する大北さんの後追いをしたり、大北さんの手をとって自分の身体を叩かせたりするようにもなった。

「親離れ」の様子が凝縮して見られたのは、生駒ふれあいセンターでのワークショップだった……。

親離れ、子離れ 2

生駒ふれあいセンターでのワークショップ。池淵さんは今年も母親同伴で参加した。一年前のことだが、母を強引にひっぱって一緒に滑っていた長いすべり台で、スタッフの大北さんが池淵さんを誘った。彼は頭を強打して抵抗したが、母が途中で待ち受け次に一番下で見守る中で、初めて母以外の人(大北さん)と一緒にすべり台ができた。これは昨年のワークショップでのうれしい大きな収穫だった。

今年は？　池淵さんの行動の変化を見る絶好の機会と私は楽しみにしていた。期待どおり彼は躊躇なく大北さんの肩を借りてロープ滑りをやってのけた。夕方、母と別室になると自傷が始まったが、夜は問題なく大北さんと一緒に寝ることができた。

翌朝、母と再会したが、さっさと大北さんの後について行動し、笑顔でプールやバーベキューを楽しんだ。帰りの車中で大北さんが「パンジーに着くと叩き出すのでは」と予想した通り、玄関を入るや否やまた始まったのはほほえましかった。楽しい行事の終わりに、皆が感じている気持ちを代表して表現しているように思えた。

昨年の夏頃から池淵さんは激しく叩いた後、時折大声で泣くようになった。こぼれる涙をこぶしで拭う様子は本当につらそうで、メンバーたちも彼の気持ちに共感できるようになった。家でも母の姿が見えないと声をあげて泣くので、父は「オレはなんやねん」とぼやいたそうだが、今まであまり泣かなかった子が、涙でくしゃくしゃになるのを母は喜んで見ていた。
正月休みの後、体調が悪く二か月近く欠席して心配したが、久しぶりに通所した池淵さんの顔にはもう自傷のあざは消えていた。ある日、偶然に流れていたドリフターズの歌に合わせてステップを踏んでいる彼を見て驚いた。巨体が実にリズミカルに動いている。一緒に踊るとうれしそうに笑う。以後、ドリフの歌は彼のテーマ曲になり、スタッフが忘れているとしばらくウロウロためらってから、意を決したように「マム」とラジカセを指さすようになった。池淵さんが母を介さずに自分で自分の意志や気持ちを伝えることが少しずつできるようになった頃からは、今までの母と一緒の重役出勤ではなく、ほかのメンバーと一緒にパンジーバスでやって来るようになった。仕事はしたりしなかったりだが、自傷行為はすっかり消えていた。

新しいスタッフが増え、ショートステイも始まったので、大北さんがそばにいることは少なくなったが、その分池淵さんと他のスタッフとの関係ができつつあった。だが、要求を出すとき躊躇していることがしばしば見られ気になっていた。時々手持ちぶさたのように頭をかいたり叩いたり、自分の手をつくづく眺めたりしていたが、七月の終わりに突然激しく叩き出した。同室のスタッフがそのきっかけを捉えられなかったのは残念だったが、その後のスタッフたちの受け止めは昨年とあきらかに違っていた。「もう一度、ていねいに接していこう」とあわてず、逃げず、行為そのものにこだわらない様子を見て、池淵さんだけでなく私も含めて皆が変わったとうれしかった。

ワークショップ以来、彼はためらいながらもかなり強引に自分の意志を示すようになってきている。これからは行事に一人で参加できるようにもなるだろう。お母さんはきっとさびしくなるだろうけど……。

PART 2

言葉とコミュニケーション

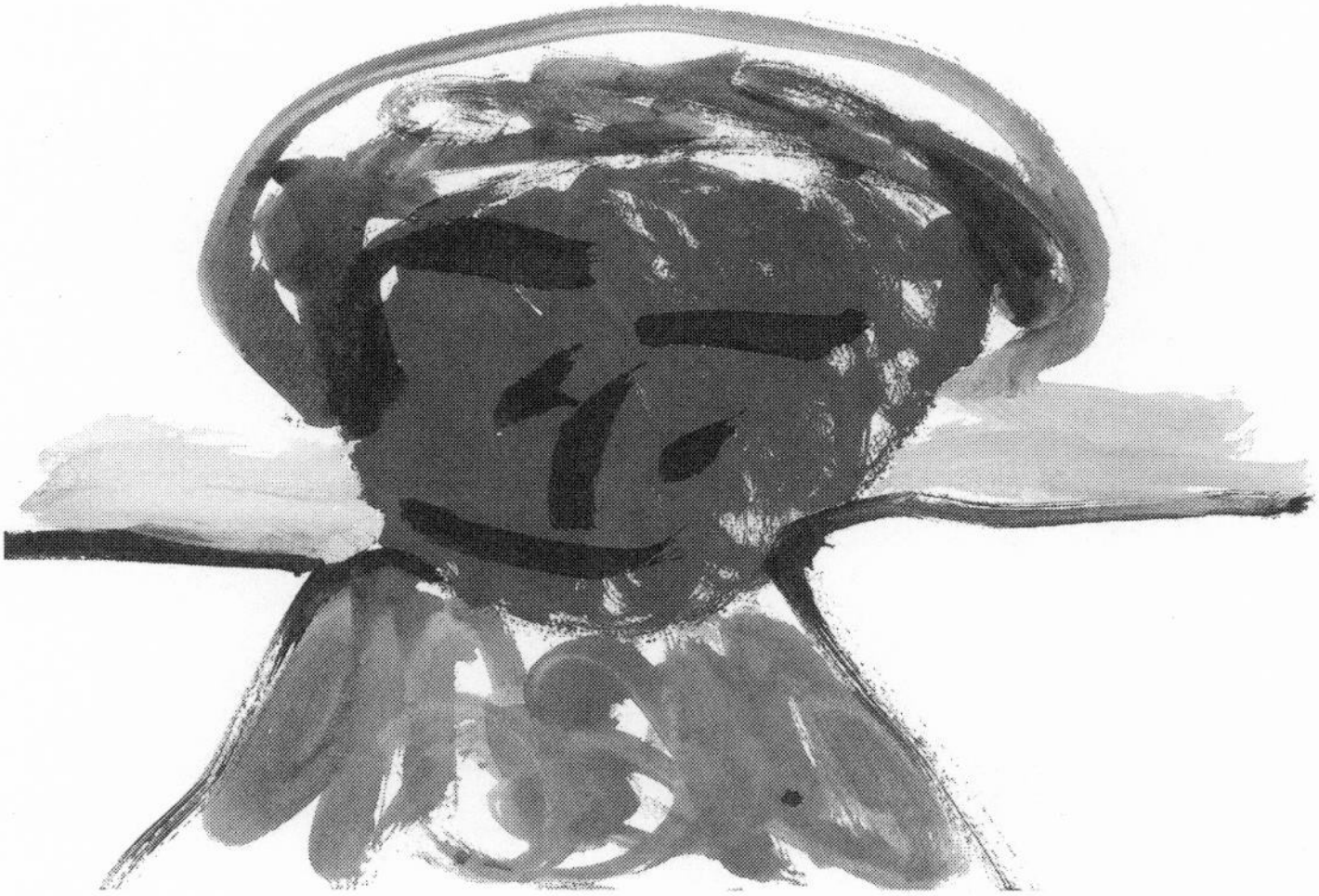

「言葉さえ出れば」

「言葉さえ出れば」は、お母さん方から何度も聞いた切実な願いだ。子どもが幼かった頃は、言葉さえ出れば多くの心配事は解決すると期待していた。成人した今は、要求が周囲の人にわかってもらえない息子のいらだちや悔しさをおもんばかっている。話し言葉がそのままコミュニケーション能力につながらないことは百も承知で、それでも池淵さんのお母さんは言う。「言葉が欲しい‼」と。

言葉に関しては、①話し言葉のない人　②言葉は出るが伝達の下手な人　③マヒなどで話すのが困難な人　④話したくない人　⑤話がしたいので、同じ話を繰り返す人などメンバーはそれぞれに苦労をしているようである。今回は話しことばを持たない岩田さんとのコミュニケーションについて報告する。

彼女は時にスタッフの顔をのぞき込み、笑顔で視線を合わせる。スタッフが動かないと強引に手をひっぱって欲しい物の前あたりへ連行するが、直接物へアプローチしたり指さしすることはない。彼女のお気に入りはヒモかラジカセの音楽なので、スタッフは容易に彼女の意図を推察することはできるのだが、たとえ達成できなくても彼女はニコニコ笑っている。そしてもう一度最初からアタックするのだ。それも彼女なりに要求が達成されそうな人（そのスタッフは限られている）を選んでいる。本当に欲しい物だけにしろ、スタッフへの働きかけがこれほど持続し焦点づけられてきたのは注目すべきことだと思っている。

一方でここ半年位、私は岩田さんとの作業の中で「一つ　ちょうだい」を繰り返しやってきた。トレイの中のハンガーの部品を私に手渡す行為で、こちら側からの要求に対する反応を確かめたいと考えている。最近では六割ぐらいの確率で一つだけをつまむことができるが、こちらが手を出して受け取らないとそのまま落としたり放り投げたりしてしまう。私はその都度「ハイ　ありがとう」「あっ残念」「惜しいなあ」などあいづちをうちながら、彼女からの手渡しを促している。物を介してのやりとり（やってもらうだけでなく、やってあげる）で人とのコミュニケーションの存在と楽しさに気づいてくれたらと、私は人差し指を一本立てたちょうだいの手話（?）で彼女にしつこく迫っているのだ。

ところが、そんな努力とは無関係に、岩田さんは居ながらにして人を優しくする力をもっている。他の人の名前はほとんど知らない田村さんも彼女の名前は言えるくらい、皆から名前を呼ばれている。不機嫌な内山さんも彼女の顔を見るだけで柔和な顔つきになる。そんな岩田さんに何を今更と思いながら、横に座った時はやっぱり「一つ　ちょうだい」をやっている私である。

言葉を使うのが下手な人とのかかわり

次は、言葉は出るが、コミュニケーションの道具として用いるのが下手なメンバーへのかかわりを報告しよう。

最近〝さをり織り〟を始めた山本さん、棚から好きな糸を選んでは「ダークブ

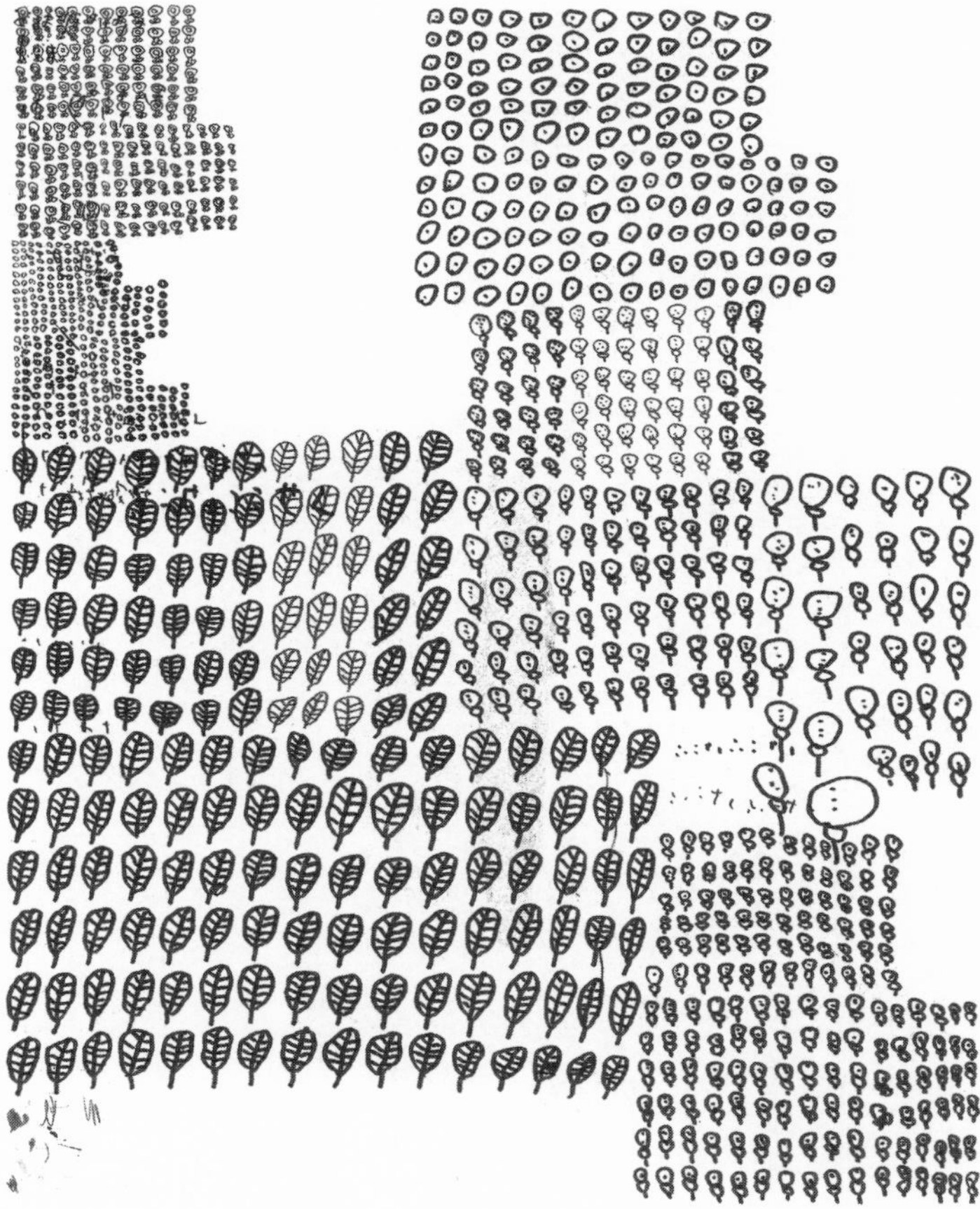

ラウン」とか「ミント」とか、微妙な色調にピッタリの言葉を使うのでいつも感心するのだが、彼は別に色の名前を伝えたいのではなく、「ミント」は「シャトルの芯棒にミント色の糸を巻くので手伝ってほしい」という要求の表現である。この意図が理解されないと、彼は落ち着かない。

「サントリーの提供でおおくりしました」など、コマーシャルが口癖の川西さんはハンガー組立のベテランである。彼は一人壁に向かって（周りの刺激を制限して）仕事をしているのだが、時々皆の所にやってきてウロウロしたかと思うと、少なくなっている部品を、メンバーの頭越しにドサーッと補充していく。また出来上がったのが机の上にあると、これも何も言わずにかき集めて引き上げていく。川西さんにとっては自分なりの仕事の手順なのだが、前ぶれのない彼の突然の行動に、車イスに座っている武田さんは身体を硬直させて驚くことがある。

田村さんも自閉的傾向のあるメンバーだが、池淵さんにはいきなり背中を叩いたり、岩田さんにはポロシャツの上のボタンを急につかんではめたりする。特異なのは行為そのものではなく、そのようなかかわりが行われる状況（文脈）が欠如していることと、その荒っぽさ（力加減のなさ）である。田村さんの特定の人への決まったかかわりは、過去にスタッフがそのメンバーにかかわったやり方をみて、きっと同じことを手がかりにしたのだろうと推察できるが、池淵さんや岩田さんにとっては降ってわいた出来事でびっくりしている。

このような光景はパンジーでは珍しくないのだが、決して大きなトラブルにはならない。それはかかわる方もトラブルにならないような相手を選んでいるし、また周りのメンバーたちも、彼らの突然の行為を悪意があってやっているのではないことを理解しているからである。私は寛容なパンジーの仲間たちが大好きだが、このままではせっかくの言葉をコミュニケーションに使う機会を逸していることになる。

そこで、①人とかかわる時や自分の要求を伝えたいときに使うセリフを覚える。②メンバーやスタッフの名前を覚える。この二つの大作戦をはじめた。①に関しては「おうむ返し」は彼等の得意とするところだから、いささか切り口上ではあるがすぐ覚えてくれる。例えば川西さんの場面、部品を補充する時は「ゴムハメ　お願いしまーす」。休憩時には「カンコーヒ　買いに行ってきまーす」など。ただし応用が効かないので、その都度目的にかなう言葉を練習することになる。②の人の名前に関しては、彼らは意外に知らない。物への関心やこだわりはあるが、周りの人へのかかわりは少ないからだろう。名前を覚えることで関心を高めてほしいと、そばにいる人の名前を繰り返し教えている。もちろん私の名前も。田村さんはすぐに覚えてくれた。私が言ったとおり「ナカアライ」と。その上で人とかかわりをもつときには、まず名前を呼ぶことで相手の注意を喚起できることを知って、日常的に使ってもらいたい。

今回のかかわりは、「落ちつかないのではなく　落ちつけない」の回に書いた、状況や情報を理解する支援の続きである。地域の中で生活していく中で、周りの人に自分の困難や要求を伝える方法（その人の得意なやり方）を見つけてもらう支援である。

パンジーに来るようになって二年。田村さんとはこんなこともあった。クリエイティブ部門の仕事、ハンガーの部品が全くなくなった日があった。スタッフが発注先の事情を話しても田村さんはウロウロ、イライラ朝から落ち着かない。私は「ハンガーが無いのは困るよね」「何時に来るのかな」など彼の混乱を言葉にしてかかわっていると、彼は唐突に「工事中?」と言った。「そう道が工事中で、車が動かないのかも」と言うと、それで納得して代わりの仕事を始めた。かかわりの中で有効的な「キーワード」が見つかることもある。

おうむ返し(エコラリア)について

ある日のわくわく活動でのこと、今西さんはプールのすべり台が好きで、急流すべりを楽しみに参加した。一回すべった後、「怖かった?」と聞くと、「怖かった」と答えたため、すべり台を中止しましたとのガイドヘルパーの報告。今西さんのお母さんは、母親としては「もう一回すべりたい?」と聞いてほしかったと笑いながら話されていた。きっと怖そうな様子の今西さんに、ガイドヘルパーさんは大丈夫かどうか確かめたのだろうが、今西さんはその意図が分からなかったし、ヘルパーさんも自閉症の人のエコラリアについての理解が足りなかったと思われる。

前回、自分のメッセージ（やりたいこと、やってほしいこと）の伝え方について書いたが、自閉症の人にとってより困難なのは、自分に言われたことを理解することである。

例えば「怖かった?」では「怖い」という言葉の意味だけでなく、今すべったプールの急流という手がかり（文脈）があってはじめて質問の意味が理解できるのだが、彼らはその手がかりに気づいていない。だから何を聞かれているのか分からないことが多い。

エコラリアは、会話しなければならない状況にあって、相手のメッセージが理解できない時の、彼らなりの応答なのではないだろうか。メンバーたちはまじめに答えようとしているのである。英会話の苦手な私も、相手の言っていることが理解できないときは、最後のフレーズを繰り返せと教えられた経験がある。会話を進めるあいづちのようなもので、自分はパスして相手に次の出方をゆだねるのである。

エコラリアは相手の話を分かった上で、それを肯定する答えとして出てくる場合もあるが、言われたことを理解していないときにする方が多いようだ。だから彼らの理解を助けるために、言葉だけでなくもっと分かりやすい目に見える手がかりを積極的に使いたい。

今西さんの例では、すべり台の写真がのっているパンフでもあれば、それを使って何がしたいのかを確かめる方法もある。怖くてもやりたい、怖いからやりたいことだって人間にはあるのだから……。

言葉のキャッチボール（会話）1

前回は、状況の手がかり（文脈）がつかめないと、相手の話の意図を理解することが難しいので会話が成立しにくいことを述べたが、それは自閉症の人だけに限った問題ではない。対人関係が良好で、コミュニケーション意欲も言葉ももっているにもかかわらず、会話を維持したり、拡げたりすることの苦手なメンバーがいる。彼等もやはり、今共有している状況を利用していないと思うことがある。今回は言葉のキャッチボール（会話）について考えてみたい。

パンジーに着くと、決まって二人の男性から話しかけられる。内容はいつも同じ質問と報告で、平田さんは「昨日何食べた?」「何時に寝た?」「今度の〝わくわく〟晴れるかな?」で、平石さんはかかりつけの診療所へ行くのにいつも場所が分からない話である。彼等は実に愛想よく語りかけてくるが、私の答に対する反応はなく、一方通行の話で終わってしまう。唐突に始まり、何の脈絡もなく話題が変わる彼等の会話は、初対面の人なら大いに戸惑うことだろう。

彼等も親しい人や慣れた状況の中ではもっと言葉のやりとりが可能と思われるが、時々出会う私のような人との会話では、手がかりがつかめずに、それでも話をしたいと思うから、自信のある話題（以前に好評？　だった）を一方的に繰り返してくれるのだろう。

だから、一方的な話も平田さん平石さんの 積極的な努力だと受け止めて、私もいろいろ考えて答えるようにしている。時には逆に同じような質問をしてみたり、話の続きをたずねたりしてみる。彼等は立場が変わると明らかにトーンが下がり、やっぱり自分の得意な話題に変えてしまうことが多い。

パンジーには同様に笑顔で迎えてくれるベテランメンバーの麻窪さんがいる。彼女は私に「今日はおしゃれしてますね」とか「岩田さんがお待ちかねですよ」と必ず今の状況を上手にとり入れて話をする。お互い共有する場がそこに存在する中での会話は自然だし、理解しやすいし、どの方向にも拡げても話のキャッチボールが可能である。

このようにコミュニケーションの中に相手の様子や、共有の場面、話の流れなどをうまく手がかりとして取り込む力は、知的な能力とはまた別のやはり生来のものと考えるが、家庭や学校でも「コミュニケーション」を育てる教育を意識して行う必要があるのではないかと思う。「質問と答」のような会話だけでなく、ちょうどキャッチボールの練習をするように「コミュニケーション」の練習をしていきたい。

平田さんの話を聞きながら、私は今も仕事で訪問する保育園での場面を思い出す。保育士さんは家庭との連絡ノートを見ながら毎朝決まって子どもたちに同じ質問をするのだ。「朝、何時に起きましたか」「朝ごはんは何を食べましたか」……。

言葉のキャッチボール（会話）2

今回は、言葉もコミュニケーション能力もあるが、対人面での不安や緊張から話すのを抑えているメンバーについて考えてみたい。

私がパンジーとご縁になって、もう三年以上になる。毎週本当にいろんなことがあって、おかげで多くのメンバーと気持ちが通じ合える（言葉やコミュニケーション能力とは関係なく）ようになったが、まだまだ距離があってきっかけのつかめない人たちもいる。

パン屋で働いている内山さんもそんな一人だった。「おはよう」と声をかけると、プイと横を向いてしまう。はじめのうちは私のような新参者（しかも週一日のうえに、ほとんどクリエイティブの部屋にいる）に対して警戒的なのはごく自然なことと受け止めていたが、どうもそれだけではなさそうである。昼食時、大勢のメンバーを避けて部屋の隅のテーブルで、それでもなお人目を気にしながら食べている彼を見ていると、対人面での強い不安や緊張が感じられる。そんな時は慣れたスタッフが声をかけても、身体を硬くして首を横にふったりするだけである。また大声や奇声になったりすることもある。彼は人への関心は高いのだが、リラックスできる人は限られていて、集団の中ではきゅうくつそうなのだ。

彼が安心して話のできるメンバーの一人に長田さんがいる。長田さんはおだやかな感じの人で、私も座っているとき後ろからそっと肩を抱かれたことがある。ところが、私だけでなくほとんどのスタッフは、長田さんがパンジーで話すのを聞いたことがない。家ではおしゃべりとのことだし、長田さん自身が見せてくれた彼女の日記にはノートいっぱい生き生きと言葉が並んでいた。対人面で問題のなさそうな彼女でも、話す行為になるとやはり緊張や不安が強くなるのだろうか。

内山さんとはさりげなく横に並んで給食を食べることから始めて、一緒にショップパンジーまで出かけられるようになった。一緒といっても道中でもショップでもいつも適当な距離を保って、直接目を合わすことを避けた状態ではあるが、それでもポツリポツリ彼の心配ごとを話してくれる。彼はショップで何を注文するわけでもないが、この肩の力のぬける時間がいいのか、毎週顔を合わせると「ショップ行こな」ということになる。

いつの日か長田さんとも話がしたい。会話そのものよりも、彼女の内なる言葉が気楽に出てくる、そんな関係を気長く待ち続けたい。

言葉のキャッチボール（会話）3

パンジーでは実習生を受け入れている。若い大学生のグループと私が講師をしている大阪府の老人大学の受講生（平均六八歳）の実習にそれぞれ立ち会ったが、「メンバーとのコミュニケーション」についてはさすが年の功（?）後者が上手い。

大学生の実習で一番違和感を持ったのは、かかわっている相手にほとんど話しかけないことだ。理由を聞くと、言葉が返ってこないとどうしてよいか分からないからというのだ。いつか自分の赤ちゃんの世話をするとき、彼らは無言で手だけ動かすのだろうか？　夕方の反省会でも、具体的な介助についての質問は多いが、メンバーとのコミュニケーションに関しての意見はほとんど出なかった。パソコン時代のマニュアル世代の一般的傾向なのだろうか、それとも経験の差なのだろうか。

身体的な援助はできても、相手との言葉やしぐさや表情などによる交流が伴わないのでは、お互い居心地が悪いと思うのだが。このような関係はガイドヘルパーさんのかかわりでも見られたことがある。

東大阪健康まつりの出店でのこと。車イスに座っている武田さんに食事の介助をしているヘルパーさんは、リュックを背負ったままで中腰になり、ただ黙々とお弁当を武田さんの口に運んでいる。上からの介助では武田さんの表情も見えにくいし、何より相手が立ったままでは食事も落ち着かないのではないだろうか。

実習生であれ、ヘルパーであれ、もちろんメンバーや我々スタッフも、相手の立場や気持ちをおもんばかるのが生まれつき上手な人と下手な人があるはずである。下手を自覚している人にとっては、身近で安心できる高齢者と会話を積み重ねるのも上達の一助ではと思わせてくれた老人大学実習生のレポート（一部）を以下に紹介する。

・玄関で訪問したことを告げると、奥の方から〝待ってましたよ〟とばかりに声を上げて喜んで出迎えてくれたことに、まずびっくり。職員の説明の間も、私どもの名前を一生懸命に覚えようとしてくれるメンバーに感動に似た思いがした。

・ラジカセの前で膝を抱えてしゃがんでいる目の不自由な人は、私がテープを聞かせてと頼むと、なれた手つきで機械を操作し、「誰の曲？」と聞くと外国の人の名前を教えてくれた。孤独を楽しんでいるのではなかったのだ。

・近くのメンバーに「何しているの」と声をかけたら、奇声をあげ興奮状態になった。熱い鍋が近くにあったので、火傷をしないように祈る思いで、接し方の難しさをひしひしと感じた。彼に申し訳なく、今思い出しても胸が痛む。

・区役所の玄関でパンやクッキーを販売している障害者たちがいる。ほとんど人は見て見ぬふり、私もそのひとりだった。このあいだ区役所へ行ったとき、私は立ち止まって少し話をした。今までのように素通りできなかったのである。彼らは生野区の施設の人で、パンジーの話をしたら「知っている」と言っていた。

・家の近くに、道で出会うと必ず時間を聞く子、個々の家の玄関の戸を点検して歩く子がいるが、彼の行動が理解できるようになった。パンジーでの実習、本当によかった。

キャッチボールは相手をよく見て受け取る様子を想像しながら、まずボールを投げることから始まる。失敗したり相手を傷つけることが心配なら、近くからゆるいボールを渡してみる。決まった投げ方からしか受け取らない人がいたら、そばにいるコーチに教えてもらおう。言葉でなくても通じている気配を感じたらそれはコミュニケーションの成立。

そんなゆったりした時間を楽しんでほしい。

コミュニケーションにおける「ずれ」について

コミュニケーションがなければ、人間関係を形成し、維持していくことが困難であると同様に、お互いの関係がなくてはコミュニケーションを発展させることはできない。ということで、この「言葉とコミュニケーション」では、人間関係やコミュニケーション（言葉を含めて）のどちらかが、あるいは両方ともうまく機能しない事例について述べてきた。では、両方とも形成できる力があれば何も心配がないかといえば、これが最も難しいことになりかねないから複雑だ。シリーズの終わりはコミュニケーションにおける「ずれ」について考えてみたい。

コミュニケーションの成否は聞き手側が左右すると言われている。話し手がいくらがんばって言葉をつくしても、聞き手に聞く気がなければ、情報は伝わらない。また、悪気がなくても間違って受け取ることもある。それが送り手の意図とは全く逆であっても、受け手にとってはそれが相手の真実になってしまう。

これは、言葉だけでなく話し手の動きや視線にさえ、聞き手は相手の予期しないメッセージを感じることもあるのでやっかいだ。

このようなコミュニケーションの際の「ずれ」「いき違い」「誤解」はお互いの関係がまだあまり親しくない状況でも起こるが、これは解決しやすい。最近相談を受けた中で感じるのは、深いつながりのある親と子の間のずれだ。絡みあった糸をほぐすのに時間がかかりそうだ。

親と子は各々に成長や加齢、生活状況等によって変化している。それに伴いお互いの予想や期待にずれが生じてくることも多い。にもかかわらず親子は何でも分かり合えるとの思いこみが、逆に親子の会話をギクシャクさせることもある。言葉によるコミュニケーションについても同様で、言葉の分かる人はその便利な言葉にふりまわされがちだ。悪口や荒っぽい言いまわしについ反応してしまう。親と子の立場にずれが生じてくると、なおさら言葉の裏にある子の本当の訴え（例えば障害や障害をもつ自分自身への腹立だしさ、将来への不安など）は親に伝わりにくい。親の子どもを思っての一言も、子どもは見放されたと受けとることもある。人間関係のずれがコミュニケーションを阻害し、それがまた関係を悪化させてしまう。

このように、関係がとれて、なおかつ言葉によるコミュニケーションができる場合でも、お互いが各々の真意を正しく受けとる（伝える）努力やサポートが必要である。そんなとき、言葉以外のコミュニケーション（相手との距離、視線、表情、しぐさなど）が役に立つ。真正面で向かい合うのがつらいときは、横に並ぼう。時間の経過がずれを修正してくれることもある。

今までの関係や話し手の言葉だけに依りかからず、その時、その場での関係を大事にコミュニケーションを重ねていきたい。マニュアルなどどこにもない。

PART 3

からだ・いのちのこと

身体のサインを読みとる力

前章までは、コミュニケーションの困難な人や問題行動のある人などへのかかわりについて、人間関係を中心に具体的な実践を報告してきた。これは、地域の中での生活を送る上で大きな「カギ」になると思っているからである。

でも、人間は「心」に服を着ているわけではないことも忘れてはならない。このことを改めて気づかせてくれたのは、麻窪さんの急逝である。メンバーたちの幼なかったころには、慎重に配慮していた健康面に対して、すっかり大きくなった彼らと接していると、私自身もどこかで安心してしまっているところがあった。

一方で、仮にリスクがあったとしても、本人の望む生活のために、あえてそのリスクを引き受けるという生き方もあるだろう。

大切なのは、本人やその人の生活を支える人たちが、リスクを把握し身体のサインを読みとる力をつけることだ。障害の程度にかかわらず、メンバーの中には身体の不快感を察知したり、不調を訴えることの苦手な人たちも多い。これは、医療スタッフがそばにおれば解決するという問題ではない。彼らのニーズをつかむ力をもっているのは、日々かかわっているスタッフやヘルパーだからである。

その上で、かかりつけのドクターや訓練士に支援の輪に入ってもらおう。「からだ」「いのち」に関する課題を明確にし、具体的なかかわりの手だてを一緒に考えてもらうために。

私にとっても知らないことの多い分野ではあるが、これからケースを通して報告したい。

食べること、出すこと、寝ること

からだ、いのちの基本は食べること、出すこと、寝ることである。快食快便快眠は健康の指標といわれるが、メンバーの中にはこの基本的なところでつまずいている人も少なくない。

数年間自宅で引きこもり状態だった小松原さんが、四月からグループホーム（以下、ＧＨ）での生活と、パンジーⅡへの通所を始めた。彼にとっての最初の課題は生活リズムを整えることだった。

朝から、疲れたしんどいと机に伏している。食欲がない、少し動くと息切れがする、体温を計ると三五度六分。昼夜逆転していた生活が一変し、自律神経失調状態だ。まず身体を暖めようと、調理師さんに甘いミルクコーヒーと、おかゆをお願いする。元気の出る薬だからと、一口ずつスプーンで食べてもらううちに、悪かった顔色に赤みが出てくる。やっと身体が目覚めて、日々の活動ができる状態になってきた。

パンジーⅡ通所のために、彼の意志に反して無理に起こしても、食べたくないからと朝食抜きのままでは生活リズムは整いにくい。食べたくない動きたくないのは、決して彼のわがままではないことを認めつつ、無理にでも食べることと動くことがこんな場合は必要だ。あれから四か月、昼食の食べっぷりもよく、体調不良感を訴えることも少なくなった。

同じようにGHの常連である河野さん。彼女は、週末は自宅で過ごしている。帰宅するとすぐ決まってコロコロの便がでる。夜中も含めて数回鹿のフン状態が続いた後、日曜の夕方になってやっと普通の便になるとのお母さんの話。GHやパンジーではほとんど排便がない。今のところ、便秘による健康上の問題はないようだが、彼女がこんな状態でいることを複数の介護者たちは知っておく必要がある。食欲や排尿、睡眠の妨げになることもあるし、時には腹痛や発作の誘因にもなるからである。その上で、自宅以外でも排便できる環境づくりや手だてを考えていかねばと思う。

食べること、出すこと、寝ることは身体だけでなく、心の状態も左右する重要な行為であることは皆よく知っている。けれど、あまりにも日常的で個人的なことなので、よほど健康管理が必要な場合でない限り、多分親ですらいちいちチェックしていないのが普通だろう。

アパートやGHで自立生活をしている人たちにとっては、余暇活動や金銭のこと、人間関係などもっと気になることがあり、支援者もその方に力を尽くすことになる。一日ぐらい食べなくても出なくても（尿がまったく出ないのは別）寝なくても、それほど気にすることではないが、日によってスタッフが異なる場合もあるので、様子を見続ける目と状況に応じて即応できる体制はやはり必要だろう。

逆に過食や失禁のケースもある。しばらくこの話を続けよう。

楽しく、美味しく食事するためのかかわり

記憶や意欲を高めるドーパミンという神経伝達物質をご存じだろうか。いきなりで恐縮だが、この脳内物質の活性化に一番効果があるのが、好きな食べ物をとること、次いでほめられること、三番目は快い皮膚刺激だということが動物実験

で証明されているそうだ。人間についても全く同じと考えてよいと聞いて、私は「食べるために生きる」と明言していた亡夫のことを思い出しておかしかった。と同時に、食べることに苦労（?）しているパンジーのメンバーの顔がうかんで、食べる行為が生命維持のためだけでないことを改めて考えてみたいと思った。

メンバーの中には食べることが大好きなのに、病気の予防や肥満のために食事制限している人がいる。ダイエットの意味が理解できる人でもなかなか困難なのだが、分からないまま制限されているメンバーにとっては、かなりのストレスになっていることだろう。食べる楽しみを奪わないために、食材や調理の工夫による低カロリー食や運動によるカロリー消費など、もっと皆で知恵を出し合わねばならない。

一方で、食べるのに努力の必要な人もいる。食べたくない、ひどい偏食、味や温度へのこだわり、アッという間の早食い、咀嚼や嚥下困難などなど。食事を楽しむゆとりがなく、ただ食べることにエネルギーを使っているように見える。

彼らが幼かった頃、「日常生活動作の自立」が療育の大きな目標であった。食事の時間は親子が「おいしいネ」を共有して楽しむというより、一人でスプーンやはしが使える、必要な量を食べるなどが課題になっていたことだろう。近年目標は大きく変わって「生活の質の向上」になった。食事だけでなく排泄や身支度についても、形の自立よりもその中身が問われているのだ。

西山さんのことを報告しよう。彼は午後の作業中、よく口をモグモグさせていた。はじめは胃からの逆流かと思っていたが、まだ口の中に食べ物が残っていたのだ。彼の食事に付き合ってみて、その食べ方に驚いた。とにかく目の前の食べ物を食器が空になるまで次々に口に入れる。常に口の中が満杯で十分かむこともできず、そのまま食道に押し込まれている感じである。

そこで、ある程度の量を目の前の小皿にとり分けて、口の中が空になってから、次を小皿にとって食べるように介助してみることにした。嚥下を確実にするだけでなく、小分けに時間をかけることで、味や香りや舌の感覚などスタッフも一緒に共感できる貴重な時間になる。楽しく、美味しく食事するためのかかわりは、仕事時間同様に、いやそれ以上に大切にしてほしいと願っている。

オシッコの話

知っている人はよく知っているし、知らない人は全く知らない（アタリマエ!）ことですが、私の夫は東大阪市療育センターの初代センター長（一九八〇〜一九八二）で、その前は金剛コロニーの療育部長（一九七六〜一九七九）で、その前もその間もずーっと泌尿器科の医師でした。だから、当然のことながら「オシッコ」には少々うるさい、量とか色とか出方とか。彼曰く、健康なオシッコは決してきたなくない。汗と一緒でなめても平気、その上オシッコはえらい、身体の不調を教えてくれる。オシッコが出なくなると命にかかわる、まさにオシッコサマサマなのだと。キャンプの時など、紙コップの代わりに尿検査のコップを平気で使ったりする人でした。泌尿器科医が知的障害児の療育にかかわるようになったのも「オシッコ」だった。

一九六〇年代、就学猶予、免除は当たり前で、養護学校に入学できたのは、三日間の選抜観察に合格した子どもだけ。障害の重い子どもを教育するのは学校ではなく福祉施設で、そこでさえも排尿の自立が条件になっているところがあった。一九七四年、当時二分脊椎の子どもたちに排尿障害の治療やコントロール訓練をしていた夫のもとに、知的障害の子どもと両親が思い余って相談に来たという。「オムツがとれないと施設にも入れない。わしら年とったらどうしよう」と。一六歳の息子のおしりにはいくつかのお灸の跡があって痛々しかった。

知的障害が重いというだけで、学校からも施設からもその前に医療スタッフからも、その果てに親からも受け入れてもらえない子どもがいる。医師になって一六年、自分も今までその子どもたちに何もしてこなかった――この痛恨の思いが、夫をして知的障害をもつ人のそばにいてその生活を支える医者になろうと決断させたのである。

すっかり前置きが長くなった。「オシッコ」の話になると、どうしても亡夫のことが思い出されて私自身も熱くなってしまう。もっと続きを知りたい方は、向井承子著『たたかいはいのちの果てる日まで』(二〇〇七年、エンパワメント研究所)を読んでほしい。

障害の重い人たちは、身体の不調を訴えにくく、特に尿路系の病気はなかなか症状が出なくて、潜伏しながら悪化する。時にはオシッコに敬意を表して、色、臭い、量、出方、回数などに注目してほしい。

西尾さんの場合、急に失禁が多くなり、そのためかイライラしたり落ち込んだりしていた。泌尿器科受診の結果、前立腺炎と判明、服薬治療で情緒的にも安定してきた。医師の話では脳性麻痺の人も発生しやすいとのこと。訴えはなかったが、それまでも不快感等あったのかもしれない。池淵さんは時々コーラ色の尿が出る。はじめは血尿かと思ったが、尿検査の結果、ミオグロビン尿症が疑われている。今、家族とともに腎機能を守るための対応を考えているところである。

便秘の話

何をかくそう私は子どもの頃からの年季の入った便秘症である。これまた余談だが、前回登場した夫から始めて貰ったプレゼントが緩下剤という忘れ得ぬ思い出もある。しかし薬も食事療法も青汁もあまり効果がなかった。最近知ったことだが、便秘には腸の蠕動《ぜんどう》の弱い弛緩型と腸が細くなる痙攣型の二タイプがあるという。二種類の薬をもらって飲み比べてみると、後のタイプの薬が私には良く効いた。おかげで長年のつかえが下りた感じがして、気分も体調も良い。それにしても、夫に「腸が長すぎて神経が届いていない部分があり、便が溜まってしまうのだろう」と言われて、四〇年間ずっと自分は間延びした人間だと思い続けてきたものだ。ところが痙攣型はストレスなどにより腸が縮まるのが原因とのこと、私の腸は性格とは違って幼稚園の頃から神経質だったのだと、今度夫に会ったら一番先に報告しようと思っている。

冒頭からつまらない（イヤつまる）話になったのは、こんな私の経験が役に立って長年の宿便がとれた水原さんの話だからである。

服薬により二〜三日に一回自然に排便があるので、浣腸や摘便の必要がなくなった。しかし水原さんには排尿困難の問題がまだ残っている。

彼の排尿パターンは、一日一回大量に失禁する以外はあまり出ないのである。介護者にはオシッコはがんばるとよけい出にくくなるので、トイレに入ればリラックスを心がけるようアドバイスしているが、一方、神経因性膀胱の可能性も考えられる。様子をみながら泌尿器科受診も検討している。

社会的入院だったとはいえ、水原さんは長い期間医療スタッフがかかわっていたのである。にもかかわらず日常生活を支える身体の情報がほとんど得られていない。排泄だけでなく、歩行の困難も彼の外出活動を阻んでいる。つんのめるようなバランスの悪い歩き方や、多動なのに数分も歩けば倒れこんでしまう原因は何なのか。脳機能や中枢神経の問題か長期入院による筋力低下？　または目的志向の持ちにくさか？　いや薬の影響か？　病院の専門家たちは誰も考えてくれなかったようだ。退院後も家庭での生活が困難で、ホームヘルプ、デイサービス、ショートステイと多くの人がかかわったが、各々のかかわりがコマ切れで生活の全体像がつかめなかった。水原さんの排泄の問題が出てきたのは、彼がパンジーに来てグループホームで生活するようになったからだ。一貫して安心して暮らせる場所の重要性を改めて感じている。水原さんは最近スタッフの同伴で別の精神科医の診察をうけ、種々検査中とのこと。今度こそ日常生活の観点からの情報やアドバイスをいただけると期待している。

眠りたい、寝られない　1

今年の夏は暑かった。秋の気配が感じられる頃、夏の疲れが出てきたのだろうか、仕事中にいつもよりよく寝てしまうメンバーを見て、睡眠と覚醒について考えた。

パンジーⅡには作業室の中に、カーテンで仕切られたチョット横になるのにもってこいの場所がある。もっともこの小部屋は昼寝のために用意されているわけではない。発作の後や身体の調子の悪いとき、他にも雑多の刺激から逃れたいとき、パンジーでは二階まで上がらなければならなかった。また自閉的傾向のあるメンバーにとっても、構造的に制限された場所の方が落ちつくので、新しい施設では設計段階から配慮されて作業室の中に設けられたのである。

パンジーⅡでは、現在ここを仕事の部屋として使っている人はいない。セラピーマットを敷いて身体の変形拘縮予防のストレッチなど、心身のリラックスが必要なときにもよく利用されており、メンバーにとってはなくてはならない場所になっている。

秋口のある日、気がつくとそこには三人が身体を寄せ合って眠っていた。通所授産施設のタテマエから言えば、こんな光景は困るのである。スタッフならずとも起こそうかどうか迷うところだ。でも、私はこんなに堂々と熟睡できて本当によかったと心底思ったものだ。

彼らが眠くなるのは夏バテだけではない。もともと睡眠のリズムが不安定で夜寝ていない人もいる。またメンバーのほとんどがそれぞれの障害や合併症のために服薬（抗てんかん薬や向精神薬の他にもアトピーや喘息の薬など）しており、その影響もあるのではないか。他にも、単調な作業内容や昼食後の車での外出なども誘因としてあげられる。眠いのに寝られない時は、起きているのにしっかり目覚めていない時と同じで身体は動くが、脳の覚醒水準（意識レベル）は低い状態にある。こんな時は感情や行動のコントロールが悪くなる、こだわりがきつくなる、関係のない刺激に反応する、対人関係のトラブルが増えたりするなど、本人も周りの人にとってもつらいことが起こりやすい。

私は眠い時やぼんやり感（これを自覚できるようにしたい）のある時は、それを伝えて安心して横になることを許容する自分（本人）と周囲の環境が必要だと思っている。その上で日中しっかり目覚めて活動するための取りくみを次回考えてみたい。

眠りたい、寝られない　2

暑かった昨夏の終わり、仕事中にもかかわらず眠りこけているメンバーを見ながら、眠ること、休憩することについて書き始めたのだが、今年も早や夏日の到来である。

新年度になり、新しい仕事、新しいメンバーも加わった。また、仕事の場所や内容が変わった人もいて、皆いささか緊張気味である。緊張が仕事への意欲につながっている人もいるが、身体の不調を訴える人もいる。もちろん、場所や仕事が変わっても、全くいつも通りの人もいる。

このように環境の変化に対する適応のプロセスは、それぞれその人らしさが発揮されるので、メンバーもスタッフもお互いを理解するのによい機会だ。張り切りすぎている人、身体がだるい人、少し落ち着かない人も、一～二か月もすれば、新たな居場所を見つけていくだろう。そのためにも、この時期は前回紹介したように社会のペースではなく、各々が自分の身体のペースに合わせて、ゆっくりじっくりやっていってほしい。

眠りや休息は、生命維持に不可欠なものだが、仕事中のそれは怠惰や逃避など否定的な評価になりやすい。福田さんは、とっても気だるそうなときですら率先して仕事をする。無駄な時間を過すような自分を認めたくないからだ。しかしイライラしていて攻撃的な言動が目立つ。「しんどいときは少し休んだ方がいいと思うよ」と声をかけたら、「そんなことできません!」とどなられた。そんな彼女も指にケガをして仕事がやりづらかったとき、初めて自分から横になってリラックスしていた。彼女なりの大義名分で堂々と休むことができたのだろう。こんな機会の中から、社会の価値観ではなく、自分のからだと心のここちよさに気づいて生きるペースにしてほしいと思った。

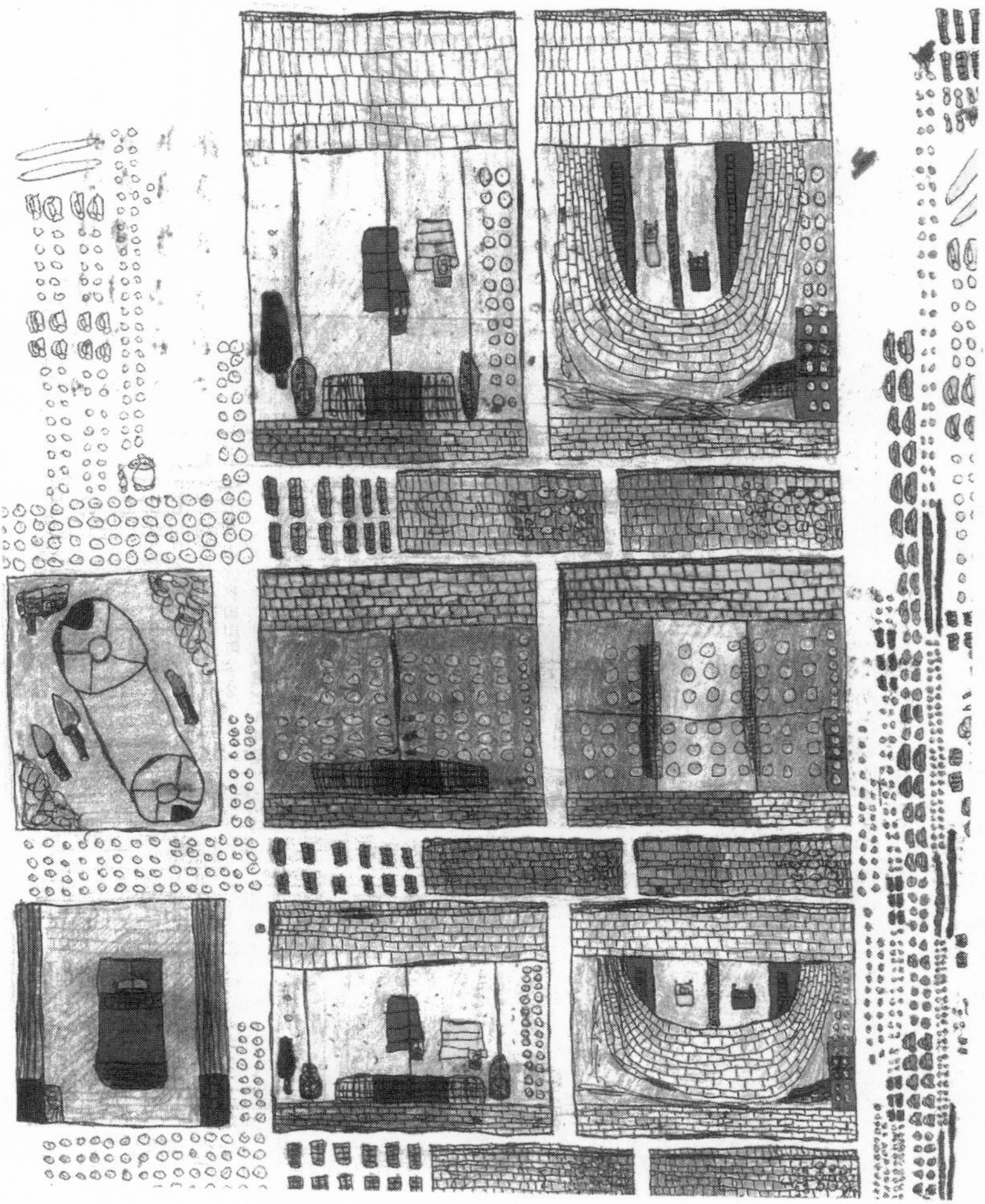

will not（やる気がない）と can not（できる状態ではない）を見分けるのはむつかしい。睡眠不足や疲労、薬の副作用等で脳の働きが鈍くなると、自分に関係のないものや音にも過敏に反応して多動多弁になり、能動的に見えるからである。こんな時は、できるだけ外からの刺激のない場所で、本人の最もリラックスできる姿勢（体を動かす人もいる）で、慣れていること（安心してできること、何もしないことも含まれる）をしよう。就眠できればいいが、できなくてもよけいな混乱を予防することになる。

逆に睡眠はとれているが、うまく覚醒できないまま動いている場合もある。朝から食欲がなく機嫌も悪く仕事にものらない。こんな時は、血液の循環をよくして、脳の活性化を促すようなことをしたい。例えば、好きな食べ物や遊び、散歩、カフェイン入りの飲み物（コーヒーとかドリンク類）熱めのシャワーなど。

本来、人間は原始の時代から動く快感を味わってきた。怠けたくて怠ける人間はいないのではないか。仕事中ブラブラしたり、眠ったりするのは、それなりの理由があるはずである。いや、それなりの意味があるのかもしれない。

好きなことをする時間

九月に入ったのに、まだ暑い日が続いているが、でもいつの間にか蝉の声が虫の音に移っている。秋風が待ち遠しい昨今、パンジーおよびパンジーⅡの皆は元気だ。

パンジーⅡのちょっと横になるのに格好の小部屋（なんとパンジーにもできたのだ）も今年は空いていることが多い。去年よく寝ていた人が、今春、ザ・ハートやパンジーへ異動したこともあるのだが、もっと大きな理由は、メンバーの入れ替わりに伴い、仕事の内容をゆったりしたものに変更したことだ。

弁当が使い捨ての容器になったので、弁当箱の回収や洗浄などの仕事がなくなった。午前中は配食の弁当作り、ハンガー組立、園芸の仕事など、各々がんばっているが、午後から日によっては好きなことに挑戦する時間ができたのだ。営業や買い物に出かける、水泳にトライする、ジグソーパズルに夢中になる、階段を上がって二階へ行く、音楽に合わせてダンスをする、マンドリンをつまびく、アニメの主題歌を歌う、もちろんハンガーを組み立て続けるなど、色々なことをやっている。

授産施設の仕事中に何をしているのかと居眠り同様にあきれる人も多いことだろうが、私はもっともっと絵をかいたり、粘土をしたり、プラチェーンでアクセサリーを作ったりなど、一人ひとりが楽しめるアクティビティーを見つけたいと思う。

好きなことに夢中になっている時は、誰でも脳が活性化して、眠くもならないし、寝ぼけてもいられない。皆イキイキとしていい笑顔で、行動抑制も効く。問題行動も起きない。こんな時間は、ぐっすり眠る時間と同様に誰にとっても不可欠なのだ。

私は、メンバーのケア会議に時々参加させてもらっているが、その時は「夢中になれる好きなことの有無」を確認することにしている。障害があるために、そんな好きなことに出合う機会が与えられなかったり、自分で見つけることができなかった人もいる。また、夢中になっていることが、つまらないこと、年齢にふさわしくないこととして、否定されたりしていることもあるようだ。

最近の研究で、青年期以降の自閉症の人の状態を決定している要素として、生活の中での習慣的役割と自由時間や一人の時間を過ごす「好きなこと」の有無が指摘されている。自閉症の人だけでなく、一人ひとりが夢中になれるものを見つけていくのも、パンジーの大切な仕事ではないかと思う。私はそれを心の棚卸しと呼んでいる。機会が用意されると自分では気づかなかった自分の欲求が見つけられ、支援者とともにチャレンジして達成感を味わうこともできる。本当ならその上で何がしたいか、何ができるかを考え、一つひとつ積み重ねた延長に仕事や就労があるはずである。

しかし現実は、そう甘くない。授産施設も企業も、一人ひとりに合った仕事など用意されていない。いかに仕事に自分を合わせていくかで、皆苦労している。そんな中で疲れやイライラが生じてきているのだ。だからこそ、好きなことを思い切りやれる時間が必要なのだとつくづく思う。

★参考文献　辻信一『スロー・イズ・ビューティフル』二〇〇四年、平凡社ライブラリー

昔話に見る生きる力

私の出勤日である月曜日は、行事の代休になったり祝日だったりで、休みになることが多い。特に昨年の秋はそんな日が続いた。

一か月もごぶさたをすると、その間にいろいろなことがおきている。

なんてったって川西さん。就労に向けての職場実習でがんばっているという。自転車通勤だそうだが、支援者が追いつけないなんて、いかにも彼らしい。私がパンジーに来て最初に相談を受けたのが彼で、なかなかじっと座っていられなかったことを思い出しながら、彼の仕事ぶりを想像する。とってもうれしい。

初めての痙攣発作がおきた田村さん。主治医は専門外、療育センターは一八歳以上、市民病院はじっとしていないということで、診察や検査を断られたとの事。結局奈良のクリニックまで行った話を聞くと、二十数年前とあまり変わらない状況に腹が立ってくる。

一か月という時間は、新しいメンバーの村上さんにも大きな変化をもたらした。一〇月に初めて会ったときはまだパンジーになじめず、一人で帰ろうと脱出を試みては、それを阻止するスタッフを蹴ったり、頭突きをしたり、暴言をはいたりして抵抗していた。彼の見かけのおとなしさやゆっくりとした動きと、抵抗の際の心的エネルギーのギャップに皆とまどっていたのである。

そんな村上さんも、すっかり落ち着いて作業にも加わっている。彼にとっては大変な一か月だっただろうなと思いながら一緒に仕事をしていると、ポツリポツリと話が始まった。ゆったりとしたテンポで一音一音に時間をかけながら語る彼の話をまとめると次のようになる。

「お寺の和尚さんから三枚のお札をもらった。オニババが追っかけてくるので、一つ目のお札を投げると、ドカーンと大きな山ができた。二つ目のお札は、ザブーンと大きな川が流れた。オニババはそれでも追っかけてくる。三つ目のお札を投げると、オニババは小さくなった」。

彼の持参するカバンには、『やまたのおろち』『こぶとりじいさん』の絵本が入っていたりするから、この昔話も村上さんが以前に聞いたことがあったのだろう。私があいづちをうったり、復唱したりしながら聞いていくと、彼は話を行きつ戻りつしながら小一時間かけて話してくれた。「山」や「川」や「オニババ」は何回もくりかえし出てくるのに、お札を投げている主人公は最後まで登場しない。「和尚さんからお札をもらったのは誰？」と聞くと、「小僧さん」が出てきた。三枚目のお札についても、私からの質問でやっと思い出したようだった。

現実生活ではなかなかうまく適応できない彼だが、お話の世界では「小僧さん」が力強く動いている。まだはっきりと見えていない主人公が、いつか大きく育って、自らオニババ（現実の困難）と対決する日がきっとやってくることだろう。彼の好きな昔話の中でそれをたしかめられる気がする。それにしても、オニババとの対決は山や川で防ぐのではなく、オニババが小さくなる（自分が大きくなる）ことであるという結末は実に象徴的であった。

不眠体験

「眠ること、休むこと」を書き始めてもう何回目になるのだろう。途中寄り道をしながらも、私はずっとそのことを考えていたところ、世の中の関心が急に「居眠り」に集まるようになり、「睡眠」についての知見も発信されるようになった。新幹線の居眠り運転のおかげ（?）である。たるんでいる証拠といわれてきた朝寝坊や居眠りが、夜間の睡眠障害による病的眠気である場合もあることが広く知られるようになった。それでもやはり、「will not ――目覚める気がない」なのか、「can not ――目覚めることができない」なのかの区分けは単純ではなく、眠気や不眠のメカニズムもナゾだらけだそうだ。「睡眠を診るということはその人の人生を診ることにつながる」というある睡眠専門医（こういう医師がいることも今回の報道で初めて知った）の言葉に、パンジーのメンバーたちの顔がうかんだ。

「寝つきがわるい」「眠りが浅くてすぐ目が覚める」「朝方になってやっと眠る」「夜中に起きて大声を出す」「早朝、起きて新聞がまだだと怒る」「昼夜逆転」「三～四日周期で睡眠と覚醒をくりかえす」などいろいろあるが、問題なのは夜だけでなく日中の生活の質を左右してしまうことだ。

夜ほとんど寝ていない場合でも、パンジーに来て昼寝や居眠りのできる人はまだいい。朦朧とした状態の中で奇声、多動、こだわりがひどくなると、本人も苦しむし周りの人も困惑する。また、睡眠障害が続くと、家族の睡眠を妨げたりイライラさせたりで、家族関係も険悪になってしまう。

しかし、日本ではまだ数少ない睡眠の専門医を頼ったとしても、そう簡単には解決しないようだ。不眠による障害が強くて睡眠の改善に時間をかけて取り組めない時は、睡眠導入剤を肯定的に服用して、まず眠ることに自信をもつことが先決とのこと。また、夜中に多動やこだわりが出る時は、家族だけが辛抱するのではなく、ショートステイなど利用して環境を変えてみることで、また見えてくるものもあるのではないか。

今年の冬、生来不眠とは無縁だった私が、夜中に目覚めて朝まで一睡もできないという体験をした。次の日もぼんやりしているが全く眠くならない。あわててかかりつけ医に相談すると、何でもないことのように入眠剤が処方されて、またまた驚いた。突然の睡眠障害に対する私の不安は解消されないまま、生れて初めて睡眠薬の世話になったのである。その後二回同じようなことになり、その状況証拠から原因は入浴後、首から肩に貼った温湿布（とうがらし成分）と判ったが、夜中に眠れずにただ起きているのは、身のおきどころがなく本当につらいものだと実感した。

参考までに一般的な睡眠障害への対応を記す。

・まず朝はっきりと目覚める。（朝の光を浴びる。シャワーをする。朝食をきっちり食べる）

・昼間、明るいところでよく活動する

・昼食後の短いうたた寝は効果的
・夕食も決まった時間にしっかり食べる
・起床後一四時間（脳内に睡眠ホルモンが出はじめる）以降は照明を暗くして、ゆったり好きなことをして過ごす
・その二時間後ぐらいが最も寝付きやすい時間なので、入浴や運動、コーヒーやお酒、刺激のつよいTVやゲームなど脳を興奮させるものの時間をうまく調節する。

PART 4

問題行動と安心感

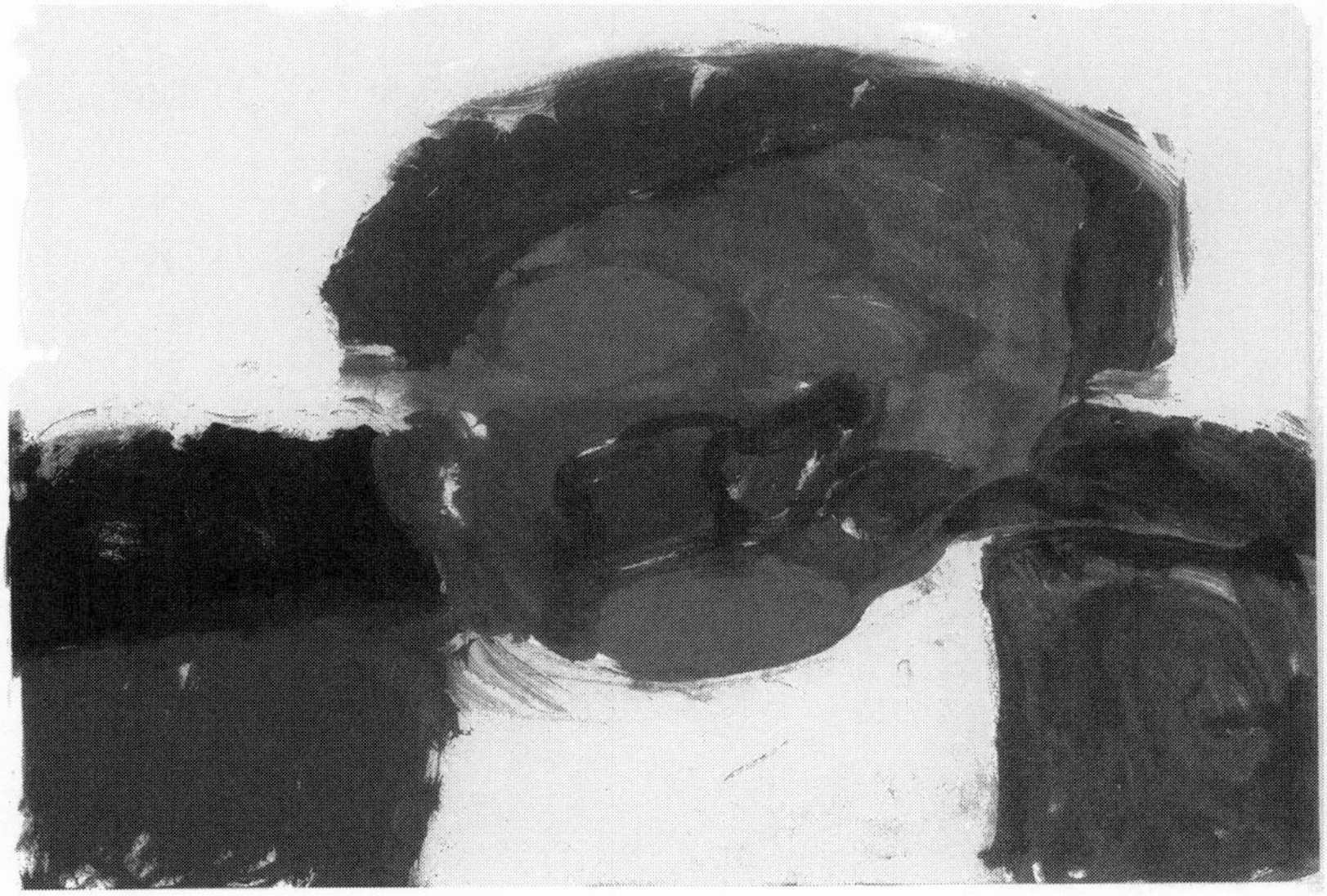

もう一度「問題になっている行動」を考える

以前、「問題になっている行動」について書いたことある。あれからパンジーにも新しいメンバーが増えた。また、知的障害の伴わない自閉症者が自分たちの「生きにくさ」について語ることも多くなった。一方で脳の研究も進み、仮説ながらも障害の部位や症状形成の機序が明らかになりつつある。そんな今、もう一度「問題になっている行動」を考えてみたいと思う。

そうした行動の原因として、①要求を通そうとする意志または通らないことへの反応、②状況が理解できないための困惑や回避の表現、③周囲の無関心に対する反応、④独別な感覚や状況への強いこだわりの表現をあげ、突発的に見える行動も必ず誘因があるので、事前に察知したいとも書いた。誘因として考えられるのは、嫌悪や恐怖の体験が呼び起こされるフラッシュバック、本人が刺激的・挑発的と感じる物音や言動、睡眠不足、暑さ、かゆみなどの身体的不快感などである。

パンジーのスタッフも、メンバーと一緒に過ごす時間が長くなれば、これらの原因や状況について把握できるようになってはいるが、それでもなお、執拗なこだわりや他のメンバーへの突然の攻撃的行動には日々苦慮している。

山崎さんは、突発的につかみかかり、スタッフやメンバーの髪を強くひっぱる。直前であれば「大丈夫」「関係ないよ」の言葉が効果的で、かなり行動を抑制できるようになってきたが、それでも突進してしまうこともある。原因は初めての人や、刺激的な音や声への反応であることが多いのだが、どうしてもそのきっかけがつかめないこともある。何かが気に入らないのではなく、もしかしたら「何かがしたい」「不快感を何とかしてほしい」という、その場の状況とは関係のない要求や、感情の訴えもありうるのではないか。彼はやりたいようにやっている風でいても、彼からスタッフへの自発的な要求や訴えはあまりにも少ないからだ。

スタッフは山崎さんの他害行動を抑えるために「大丈夫」をキーワードにしたり、一人で落ち着ける小部屋を用意したりしてきたが、今回は彼からの発信をキャッチする工夫を考えることにした。彼は聞くより読む、話すより書く方が楽かもしれないので、いつも紙とペンを用意して筆談をする。また、いくつかの要求を書いたカードを作り、意志表示しやすくするなどである。

次に考えられるのは、要求を表現する方法が分からなくて困っているというより、何らかの理由で躊躇している場合である。激しい自傷行為があった池淵さんの時も、要求への抵抗や葛藤――素直に要求や意志が出せない何か――があるように思った。今、彼は強引すぎるくらい、はっきり意思表示する。そして頬のアザはすっかり消えてしまっている。

問題行動の原因に「気持ちや要求を伝えることへの抵抗や葛藤」を付け加えることにしたい。

これは難題である。続きは次回に……。

本当の要求を分かってほしい

今年の夏はヤケドしそうに熱かった。そんな中、私は初めてメンバーと一緒に車に乗って営業に出かけた。伊達さんは「クルマに乗るの！」といって一番先に乗りこんだが、まだ半分も行かないのに「降りて下さい！」と叫ぶ。スタッフの「○○センターに着くまで待って下さい」は彼には届かない（「待てない」のではなく）。ますます声が大きくなってしまう。伊達さんにとって「降ろしてもらえない」のは、「車の中にいたくない」という自分の要求が、スタッフに通じていないと感じているような気がした。彼はいろいろ通じる方法を試し出す。「降りるの！」と言い替えたり、「お茶！」「トイレ！」になったり、前に座っている実習生のイスを叩いたりと、真剣に訴えていた。

その日のミーティングで、先日、伊達さんが走行中の車のドアを開けた事が話し合われた。私は今日の経験から、彼は実力行使をする前にきっと「降りるの！」という表現でもって、不快に感じている自分の状況を何とかしたいというメッセージを送り続けていただろうと思った。どんな切実な要求があるとしても、今ここで降りてそれを満たす事は困難であるという判断は、支援者にとってはごく当たり前の事であっても、伊達さんにとっては、なぜ拒否されたり、無視されるのか分からなくてイライラが高じていたにちがいない。

彼は、部屋で仕事をしている時も、突如立ち上がって「エレベーターに乗るの！」など短い言葉でスタッフに訴える。「どうぞ」と促しても満足しないのは、「エレベーターに乗りたい」わけではなく、本当の要求は別にあるようだ。通じなくても彼はまず近くのスタッフに伝える努力をしている。

私は伊達さんのこの姿勢を評価し、大切にしたいと思っている。なかなか理解してもらえなくても、彼はそばにいる人たちを信じているように思う。うまく伝わりさえすれば、スタッフは必ず何とかしてくれるはずだと。だから私たちも彼の信頼に何とかして応えたいのだ。本当の要求を知ろうと、私たちも努力していることを伊達さんに伝えたい。

車の中では暑くていやなのか、じっとしているのがつらいのか、のどの乾きか、私は伊達さんと言葉のやりとりしながら、どれも大いに共感できる。「降りるの！」に託された伊達さんの要求を、真摯に理解しようとする私のメッセージを返し続けた。これがきっちり彼に届くためには「コトバ」より「モノ」が要る。「降りる」という要求は通らないにしても、道中を快適に過ごせるモノ（例えば凍らせたペットボトルとか、好きな本など）を用意すれば、少しは落ちつけるのではと思った。

メンバーの中には、伊達さんのような訴えを省略していきなり実力行使に出る人もいる。今までの生活場面で、彼らの要求（やりたいこと、やってほしいこと、困っていることなど）に対して、誰も気づかなかったり、あるいは拒否されたり、無視され続けた。だとしたら彼らは要求を表現することに葛藤したり、躊躇したりして、そのストレスがいきなりの問題行動を生じさせていることも多いと思う。

今からでも遅くない。日常生活の中のささいな要求でも、伊達さんのような言葉を用いなくても、どんな形であれ支援者に発信すれば、気づいてくれる、理解、共感、支援してくれる、そんな体験を積み重ねていってほしい。要求の実現有無にかかわらず、支援者は真正面に受けとめ、きっちり返す。そんな関係を築いていくことが、問題行動を解消していく一歩となる。

ただし、運転中のスタッフが同時に支援者になることは、かなり難しいと思った。

要求することへの葛藤と躊躇

これまで述べてきたように、要求の手段や方法はもっているにもかかわらず、そして、伝えさえすれば実現に向けて支援してくれる人がそばにいる場面ですら、要求を表現することに怯えたりとまどったりして、そのフラストレーションが自傷他害行動に結びつく人たちのことをずーっと考えている。

先日保育所でも気になる場面に出会った。重い知的障害をもつあっちゃん（六歳）は家の事情があり、朝食を食べていないことが多い。保育所側はその分を給食で補う方針で、積極的におかわりを勧めてきた。あっちゃんも給食は大好きで、おかわりの要求は食器を保育士の所へもっていくことで表現できるようになってきた。にもかかわらず、彼は何かを避けるかのように皿をもった手で耳を押さえる。保育士の前を行ったり来たりする。そして意を決するようにお皿を差し出すのだ。要求を出すことを怖れたり、ためらったりするのは何故か。

その姿はパンジーの池淵さんに重なる。自傷行為の激しかった池淵さん、今ではパンジーでもすっかりくつろいだ状態で過ごせるようになった。いつか、いびきをかいて眠ってしまったことがあり、以前眠いのに眠れずイライラして自傷を繰り返していたのが嘘のようだ。そんな彼も給食のおかわりとお茶の要求（いつももっているペットボトルがからになった時）の時は、今でも落ち着かない。ソワソワしたり声を出したり、顔を叩くまねをしたり、そしてスタッフや私が横にいると食器やボトルを「やってくれ」とばかりにつき出す。誰もそばにいない時はどうするのかとそっと見ていると、厨房の前をやはり落ち着かなく行ったり来たりしている。給食時以外も、彼がいつでも飲めるようにヤカンを置いているにもかかわらず、彼は散々イライラしたあげく、意を決してお茶を飲むのだ。要求が実現したときはいつものことだが、本当にうれしそうに踊るような足どりで彼のお気に入りの場所（仕事をしないときは一人で食堂にいる）に戻っていく。給食もおかわりを断られることはないのだが、自分で直接食器をもって厨房のスタッフに要求するときは、やはり毎回相当努力している様子である。

要求が一回スムースに伝わったからといって、次から大丈夫とはいかないのは池淵さんに限ったことではない。確信が持てない（要求と結果の因果関係は分かりにくい）のか、前のことは忘れてしまうのか、その都度同じ葛藤がくりかえされることが多い。また新しい要求ができてきたり、要求の度合い（今すぐ・もっと

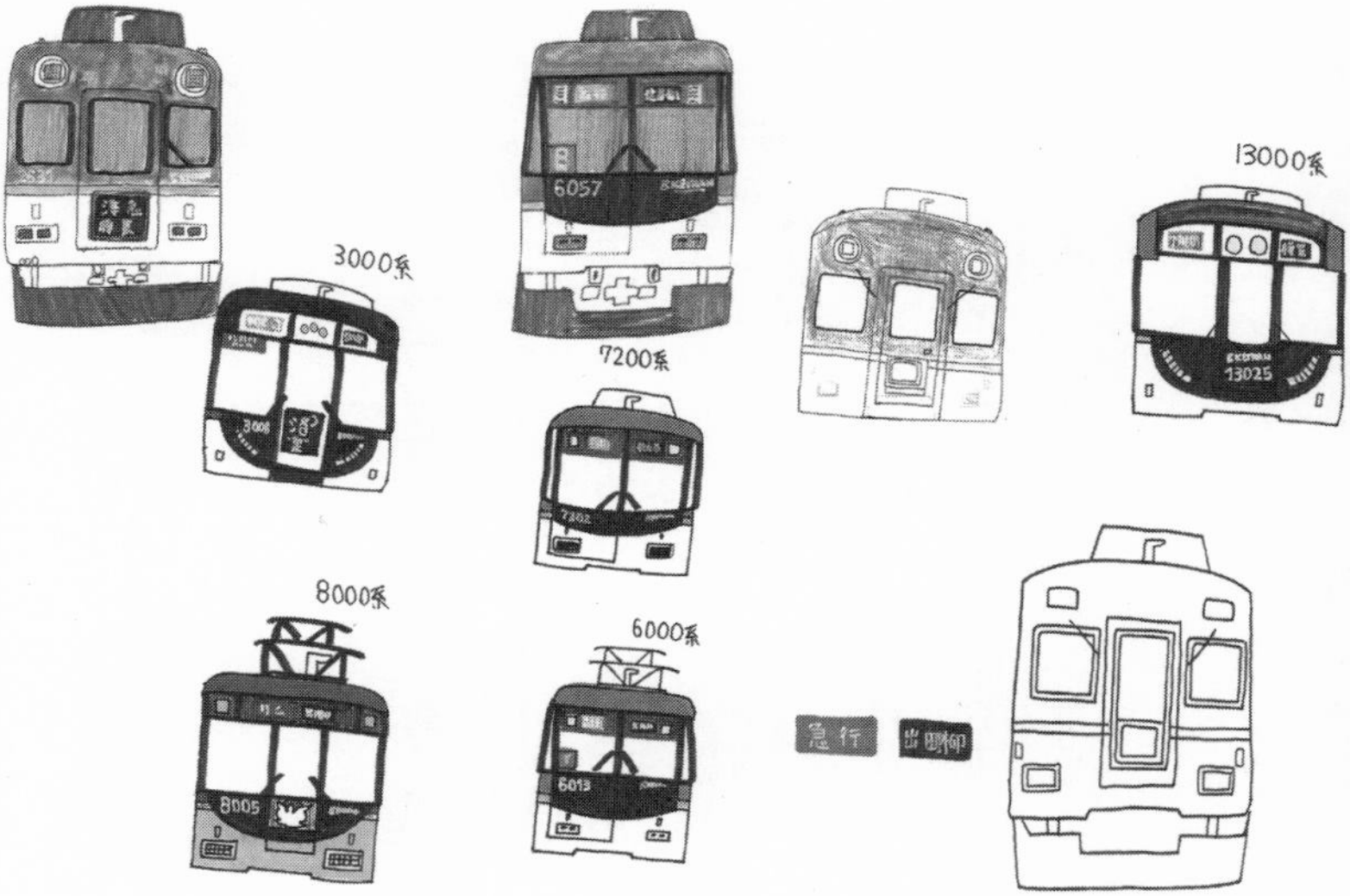

もっとなど）によって、問題といわれる行動が激しくなったりすることもある。

池淵さんの場合、家では母親が何でも察して彼の要求を満たしていた。母親がいないと、自分で何らかの表現をしない限り分かってもらえないことを知った頃から、パンジーでの自傷行為が見られるようになった。自傷をすれば表現しなくても要求が通ると思っていた時期もあったと思う。スタッフは彼の要求や思いに気づき、受け容れることから始めた。そのうち声や仕草で表現し、それも最初は特定の支援者にだけだったが、今ではパンジーの多くのスタッフに安心して、むしろ強引に訴えるまでになっている。自傷行為はその時々に出たり消えたりしてきたが、自傷が要求の手段になることはもうないだろう。

「もう一度『問題になっている行動』を考える」（六八ページ）で書いた「大丈夫」の山崎さん、要求が分かりにくく、いくつか考えられる要求を紙に書いて（彼は字を書いたり読んだりできる）貼ってあるのだが、それでも突然パニックに陥ることが多い。ところが先日、私のところに一人でやってきて、やおら私の手をとり窓のところへ連れていく。「何をして欲しいの？」と聞くと「フトン」と言って庭に干してあるフトンを要求した。これは、今年のパンジーでの最もうれしい出来事で、これからが楽しみである。来年もよろしくね。

人に対する安心感

周りにいる支援者に自分の要求や意思を躊躇なく伝えられる人と、なかなか出せない人がいることを書いてきた。特に後者が気になるのは、彼らはより深刻な問題となる行動をもっており、自身も苦しみ周りも困ることが多いからである。それは彼らがもっている障害の種類や程度によって分かれるのでは決してない。また、彼らが教育や訓練で得てきたコミュニケーション能力の差でもないこともはっきりしている。

では何が違うのか？　私は彼らがもつ「人に対する安心感」ではないかと考えている。

前回書いた池淵さんのことを、もう少し話そう。彼は母親に対する安心感はあったが、要求が拒否されたり、行動を制止されたりすると家でも自傷が見られた。パンジーでは母親と別れるなり顔面強打が始まる。筋肉が壊れて黒褐色の尿が出たり、眼底出血の心配もあったので、ワークショップの時も彼だけは母親同伴で行った時期もあった。

私たちはまずパンジーのスタッフに対する安心感の確立を容易にするために、池淵さんの担当を固定し、できうる限り行動を共にすることにした。当時彼は外をウロウロすることが多く、お茶とトイレをくりかえしていたが、スタッフの大北さんはずっと彼に寄り添っていた。私も週一日は池淵さんのそばにいて、表情、しぐさ、声などから彼の要求をくみとろうとした。「マァッ」「あァッ」の叫び声から「お母さん来てほしいね」「お茶が飲みたい?」など池淵さんの気持ちを察して言葉にする。その間も彼はバンバン自分の顔や頭を叩き、そばにいると耳がツーンとするほどの音が続く。「お母さんいないのはつらいよね」「よく我慢しているよ」といいながら彼のお腹や背中を軽く叩くと、その間だけ一瞬自傷が止まるような状態だった。

その後、自傷行為そのものは少なくなったり激しくなったり、すっかり影をひそめたと思うとまた再発したりの状態が続いていたが、その数年こそが、池淵さんとスタッフの間の「安心感」が育まれてきた期間だったように思う。

言葉にして返すと、自分の要求には大きくうなずくようになったり、母親不在の心細さを共感すると、涙を流して大声で泣いた（母親の話では彼はほとんど泣いたことがないという）こともあった。またドリフターズの歌が好きで、音楽に合わせてサイドステップをふむ。一緒に踊ると笑顔がこぼれる。この踊りが出はじめると自傷行為が消えるので、当時のクリエイティブではいつも「全員集合」の歌が流れていた。

そのうち、担当の大北さんや私には強引に手をひっぱっていって訴えるようになる。お茶、買い物、着替え、トイレなどはいいが、要求を出したにもかかわらず、そのとおりにならない場合や（車での外出や時間前の給食など）や分かってもらえなかった時などは、イライラがよけいに募り、悲鳴に近い声を出して周りにいる人をつきとばしたりすることもあった。それでも、自分の要求や感情を支援者にぶっつけるのを歓迎した。

私がパンジーで池淵さんと出合ってから八年になる。当初池淵さんの担当は大北さんだけだったが、次第に他の支援者にも要求が出せるようになり、数年前からは一人で旅行に参加している。同時に、ショートステイも可能になり、自宅（和式トイレ）以外で初めて排便もできた。

今でも「お母さん」を要求することがある。時計をみせて「まだ迎えの時間ではないよ」というと「仕方がないなぁ」とばかりに、他の訴え（身体がかゆいとかそばにいてほしいなど）で少しだけ我慢している。彼の不安や葛藤が、支援者との関係の中で解消されるようになってきているのがうれしい。

そして今、私は草山さんのそばにいる。「どんな時も私はあなたの味方だよ」というメッセージを送りながら。詳細は次回。

好きな人や楽しい経験をいっぱいに

「わくわく」は相談事業も行っており、担当者から助言を求められることもある。先日も不登校になっている中学生のことで話があった。詳細は差し控えるが、「人との安心した関係」は日常性の中で作られること、それはゆっくりで時間が必要なこと、そして傷つきこわれやすいものであることなどを改めて考えさせられた相談であった。

小松原さんも不登校を経験している。パンジーに通い出した当初、彼は幼少期のいじめ経験のフラッシュバックに苦しんでいた。十数年前の出来事を、まるで今起こっているかのように相手の名前を叫び、その状況に怯えていた。そんな小松原さんとパニック解消法について、話しあったことがある。彼は薬を飲むのが一番だが、次は楽しいことや好きな人(彼はサザエさん)の顔を思い出すと楽になると教えてくれた。小松原さんだけでなく、話すことのできないメンバーの中にも、つらい体験をしてきた人はいるだろう。私はすべての子どもたちは子ども時代に、安心できる好きな人をいっぱい作り、夢中になれるような楽しい経験をいっぱいもってほしいと思っている。書字や計算ができなくても、大きなハンディキャップにならない。だが、困っていることや嫌なこと、やりたいことややってほしいことなどをそばにいる人に安心して訴えたり、支援を求めたりができないのは、卒業後の人生の生きにくさにつながってしまう。知的障害の有無にかかわらず、今多くの子どもたちのニーズは学力向上より、人間関係力の強化にあるのではと思う。

さて、草山さん。私がここ一年ほど、できるだけそばにいて彼の気持ちや要求のサインを受けとめ、応えようとしてきた人だ。彼はパンジーに入所する前や来た当初、かなりの物壊しや物投げをやっていた。受け入れに際して、まず安心できる居場所とスタッフとの関係作りを考えた。具体的には、壊されたら困るものは部屋に置かない、破壊行動は寸前に止められるよう、スタッフは彼のそばにい

る。周りのスタッフの一人は怖い人の役（危険な他害を止める）を引き受けるなど、話し合われた。
草山さんに最初用意した居場所は一人部屋、そこではハンガーの組立てを器用にこなすが、やはり皆のいる部屋が気になるようだ。半年もすると自分の部屋の入り口に陣取って、物の位置や向きをチェックするようになった。誰かが少しでも動かすと必ず元通りにしないと気がすまない。こだわりのある他のメンバーと執拗なバトルを繰り返すことがあった。その

イライラで毛布やプラスチックの箱が被害を受けた。
あれから三年、今の彼の居場所は中庭に面したガラス戸のそば、二階のテラスを含めパンジー全体が見渡せる所だ。今でもやはりこだわりのチェックは入り、二階までなおしに行ったりもするが、リラックスもできるようになった。時々仕事もするし居眠りもする。

私の草山さんへのかかわりは、まず朝の挨拶、言葉だけでなく、握手やぼうず頭をなでることから始めたが、今では「おはよう」だけでうなずき返してくれる。落ち着かないときなどは、肩をもんだり背中をマッサージして彼の反応を見る。いやがる時もあれば、まんざらでもない時もある。「もっとやってほしい?」と聞くと最初はかすかに指を動かして意思表示した。少し刺激を強くすると声を出して笑ったりもした。それからは、彼の様子を見ながら、例えば「お茶を飲みたい?」などと聞くと、イエスの時は私の顔を見てうなずいたり、大きく手をあげたりとはっきり応じるようになった。しかし自分から要求を伝えることはなかなかできない。やりたいことは、いきなり実力行使になる。

それでも、人とのかかわりを避けて、食事すら一緒にできなかった草山さんが、先日、隣でハンガーの組立てをしているメンバーに、部品を一つずつ渡している光景が見られた時、三年という時間の重さを実感した。

「なかあらいせんせい」

パンジーに来るようになってもう一〇年近くになる。その間、創思苑の日中活動の場が拡大するとともに、私も多くの当事者と出会ってきた。今秋より、デイサービス事業の場（これが元銭湯の脱衣場で、まだ番台なんかも残っていてオモシロイ）にも、参加することになった。二回目に出かけた時、なんと私のことを「れいこさん」と呼んで迎えてくれたメンバーがいた。六十数年生きてきて、友人知人は多い方だと思うが、「れいこさん」と呼ぶ人はあまりいないので、とっても新鮮でうれしかった。パンジー（パンジーⅡ）では、ほとんどが「なかあらいさん」。

自閉症の田村さんは、私の顔をみるとニコニコして「ナカアライ」と唱える。中には大声で「おばちゃん!」(「おばあちゃん」でなくて良かった)と呼ぶとってもフレンドリーな人もいて、スタッフは恐縮しているが私は結構楽しんでいる。今回登場する福田さんは、メンバーの中では数少ない「なかあらいせんせい」と呼ぶ女性である。

先日、久々に福田さんのお母さんが相談に来られた。数年前、彼女が不安定になって親子関係がこじれた時に話をして以来だ。「あの時に比べたら大した問題ではないのだが」と前置きしながら、家で福田さんとなごやかに会話している時、突然機嫌が悪くなったり急に怒り出したりする。親にだけならいいのだが、彼女のことをよく知らないヘルパーやメンバーさんともそんなことがあると、嫌われるのではと心配しておられる。

福田さんは、まじめで律儀で頑張り屋である。私は話をしていてお母さんにも同じような印象をうける。親子だから似ていること以上に、福田さんがお母さんから学んできたことが大きいように思う。〇〇でなければならないといった行動基準や、知らないことできないことは恥しいと思う感情など、彼女のこころのアンテナは常に緊張状態だった。「しんどい時は少し休んだ方がいいよ」と言うと、「仕事だから頑張らないといけないんです！」とムキになって反論した。物事を柔軟に考えたり、他者に依存したりすることを良しとしない福田さんにとって、パンジーの考え方、多くのヘルパーやメンバーの各々の行動基準に出会った時、彼女がもった不安、怖れ、葛藤はかなりのものだったにちがいない。「共同性のなかで自分は真に安全なのかの怖れ」を感じたことだろう。被害性や攻撃性が見られたこともあったが、今は自分の気持ちを言葉で相手に伝えるようになったので、大きな問題行動は見られない。

彼女の知らない物の名前や抽象的な言葉を私が使った時、「そんなんワタシの知らんこと言わんといて」とそれまでのにこやかな表情が一変する。肥満傾向のメンバーが水泳プログラムに参加しないのは間違っていると非難するので、「水泳活動はダイエットのためだけではないしね」と言った途端に急に不安がり、「そんなこと言われたら、ワタシどうしたらよいか分からなくなる。ワタシはダイエットによいと言われたからやっているのに」と泣きそうな顔をする。確かに感情の起伏に戸惑うことはあるが、私の言葉に福田さん自身も動揺していることもよく理解できて、今ではお互いの安心感につながっている。

彼女に最初にあった時から、私のことを「せんせい」と呼んだのは、何らかの意味をもっていたのかもしれない。親や、「せんせい」は頼りになる反面、のみこまれてしまう怖れをもった存在である。

躊躇なく人に依存できるということ

久しぶりにパンジーの忘年会に参加した時のこと。会場に入ると、小松原さんがすばやく私を見つけて「一緒に座ってな」と頼みに来た。パーティの準備でメンバーやスタッフが忙しく立ち動いている中、私が一番暇そうで頼みやすかったのかもしれないが、彼がこんなに素直に力を貸してほしいと言えるようになったのがうれしかった。

小松原さんと並んで席に着くと「忘年会は初めてやから」という。「初めてでちょっと心配やったから一緒に居て欲しかったんだね」と私。「今年はいっぱい初めてのことがあった」「本当にいっぱいあったよね」「パンジーやろ、グループホームやろ、和歌山やろ、千葉へも新幹線で行ったし」「すごい一年やったね」。

彼にとっては忘れられない年になった。多くの人の支援があって、彼は着実に人間関係や生活範囲を拡げていった一年だった。でもまだまだ、初めてのことには不安や戸惑いが先だつのだ。どうしてよいのか分からないことも、うまくやれないこともある。

そんな時、だからやらない、だから自分はダメだ、そんな自分を認めたくないではなく、分からなければうまくできなければ、躊躇なく周りの人に教えてもらう助けてもらうことができるようになった。

これは簡単なようだが、世の中にはこれができずに苦しんでいる人が多く居る。もちろんパンジーにも、パンジーⅡにも。何よりありのままの自分を受け容れることが難しいのだ。また自立を志向する人ほど、依存をマイナスにとらえがちである。

河合隼雄氏の著書『Q&A こころの子育て』の中から一部を引用したい。

依存のない自立は孤立というべきで、それでは（周囲の人との）関係が切れてしまっている。大事なのは、自立と依存とを全く対立することとして考えないこと、誰かに適度に依存している人こそ自立しているというか、自立は適度な依存によって裏打ちされていると言ったらいいいいか。

実際に小松原さんの横に座っていると、彼はこと細かくいろんなことを質問したり、承認を求めたりしてくる。大皿の料理から何をどれだけ飲み食いしたらよいか、知らないメンバーの名前やハプニングの説明、プログラムへの参加の仕方など、このようにして彼はパーティを楽しく過ごす方法を覚えて行く。でもライトが消え、ミラーボールがまわるダンスタイムだけは、どうしても参加できずにうつむいていた。

それでいいと思う。忘年会は今年もある。

内山さんも最近変り始めている。明らかに以前の内山さんとは違うと周りのスタッフも言っている。そのことに本人は気がついているのだろうか、一度ゆっくり話を聞いてみたいと思っている人である。

私の知る限り、以前の内山さんは仕事を淡々とこなしていた。生活の場でも、支援者のかかわりをあまり求めず、一人で行動することを好んだ。周りの支援を干渉や束縛と感じているようにも思えた。そんな中で問題となる行動が何度もおきていた。

半年ぐらい前に、内山さんは自分の意志で施設内での仕事の場を変えた。その新しい部門で作業をしながら彼は、他のメンバーと一緒にいるスタッフの名を何度も呼び、自分が、今、気になっていることをくり返して話している。スタッフは、内山さんはこんなにしつこかったかなと感じたという。一方で、自分で動けないメンバーをまるで子どもをあやすようにしてよく世話をする光景にも私は驚いた。また、休みの日や夜の時間にもスタッフに会いに行ってもよいかと交渉したりもしている。時には駄々っ子のように要求することもあって、スタッフは戸惑っているが、内山さんの問題行動は影をひそめている。

パンジー（パンジーⅡも）は仕事の場であるが、とても受容的雰囲気をもっている。それは、人との関係の中で支配される怖れに対しても、逃げたり抑えたりするのではなく、安心してありのままの自分を出すことを可能にするものである。人との関係の中で自分が受け容れられ、認められている実感が、内山さんに人と一緒にいる快さと依存要求をもたらしているように思える。自分をありのままに出せる場を内山さんは自分で見つけたのだが、それを受けとめるには、スタッフも相当なエネルギーを費すので簡単ではない。何とかチームワークで支援を続けてほしい。

★参考文献
河合隼雄『Q＆A こころの子育て――誕生から思春期までの48章』二〇〇一年、朝日文庫
滝川一廣『「こころ」の本質とは何か――統合失調症・自閉症・不登校のふしぎ』二〇〇四年、ちくま新書

PART 5

「加齢」について

人生は常に右肩上がりではない

新年度に入り、パンジー、パンジーⅡ、ザ☆ハート、デイサービス各々に、新しいメンバーやスタッフが加わった。私の印象では、スタッフの平均年齢は毎年あまり変わらないようだが、メンバーの平均年齢は着実に高くなっているように思える。今後、特にグループホームでは、中年以上のメンバーを若いスタッフが支援することが多くなると予想される。そこで、シリーズで「加齢」について考えてみることにした。

そういう私もパンジーに週一日来るようになって一〇年、当然の事ながら十歳年齢が高くなった。中年期から老年期へのやっかいな「加齢」と、今も、そしてこれからもつきあっていくわけである。病気や怪我なら自覚もするが、ただ年齢を重ねるだけでいつの間にか身体の機能が低下してくる現実はなかなか受け容れがたい。私の経験から言うと助手席に乗っている車で直進しているつもりが、道なりにゆるやかなカーブがあったために、突然方角が変ってしまっていてうろたえる、そんな感じである。私自身の加齢による問題がいろいろある上に、昨年からやはり加齢により歩行困難になった母親の介護も必要になってきた。「こんど、いつ来るの？」と待っていてくれるメンバーもいて心苦しいのだが、この春から、私の出勤日を隔週から月一回のペースにしていただいた。そんなわけで、当事者でもある私から「加齢」の問題を話しておきたい。

その前に、今回は青年期、成人期にも見られる「退行」について考える。退行とは、「生涯発達の過程で、いったん獲得、到達した日常生活の適応水準が、何らかの原因で低下し、以前の状態に戻ること」と定義される。昨年の日本発達障害学会では、「退行」に関する発表が多く、シンポジウムも開かれた。報告によると、通所授産一四四施設のアンケート調査では、対象者五六〇一名のうち五・六％の三一三名が退行を呈している。発生年齢も平均では四四・八歳だが、ダウン症は三〇歳ぐらいから見られることもあるとのこと。原因としては、①加齢による自然な衰え、低下、②疾病（身体疾患、精神疾患など）、③心理的不適応によるものなどが考えられる。予防や対応として、①については、一般的な老化予防（詳細は次回）が有効である。②についてはドクターとの連携が不可欠である。しかし、私もよく相談を受けるのだが、その状態（動きが鈍くなる、疲れやすい、作業能力や日常生活能力が低下する、よく休むなど）が医療的ケアを必要としているかどうかの判断が難しい。本人の訴えや様子とじっくりつき合って、その上で嘱託医や主治医に相談してもらうことが多い。特定の疾患ではないと診断されても、経過は見守っていきたい。③については、常にスタッフが取り組んでいることである。人間関係や生活環境の調整、ストレスによる不安や緊張を取り除いたり、回避するだけでなく、ストレスに対する耐性を高めるために、本人が楽しめる好きな活動を積極的に取り入れるなど、メンタルヘルス支援が現場のスタッフの大きな仕事になっている。

退行の原因として、上記の②と③だけでなく、実は①老化と②病気の線引きも困難で、同時に③心理的落ちこみがからむことも多い。一見怠慢な状態であって

も、支援者は本人にとっての困難さに共感しつつ、時間をかけて向き合っていくことが要求される。人生は常に右肩上がりではないことを肝に銘じておこう。

「加齢」と感覚の変化

今夏、北海道浦河にある「べてるの家」を見学した。小規模授産施設二か所、グループホーム三か所、共同住宅三か所、福祉ショップ（有限会社）などで構成され、約一五〇人が多種多様な事業に関係している。精神障害をもった人たちが中心で、「弱さを絆にして」ありのままに時にはしたたかに、そして賑やかに生活されている様子が感じられた。年間二〇〇〇人を超える見学者には、メンバーによる専門のチームが対応している。私たちもまず朝の全体ミーティングに参加した後、「迎能プロダクション」チームによる歌と踊りの歓迎をうけた。次に「オリエンテーション研修」チームによる多様な施設・事業の詳細な説明があり、「うまいもん」チームの中に入って「おつまみ昆布」の袋詰めを行った。何だかパンジーにいるみたいと思ったが、壁にはべてるの理念が書かれている。気に入ったのは「そのまんまがいいみたい」「手を動かすより口を動かせ」。気になったのが「病気に助けられる」「自分でつけよう自分の病気」。精神障害はやはり「病気」なのか。「障害」との違いは？　など今も考えている。でも、機関誌を読むと――メンバーは年と共に体重を重ねて、精神病より成人病との付き合いの方が重要になってきています。そこで支援スタッフは、血圧の測定、血糖値の状況、内科外来の受診、服薬の確認、食生活の工夫に奮闘中――とのこと。日常生活における支援は、障害とは関係なく同じようである。

さて、「パンジー」に戻って、前回の続き「加齢」を考える。

まずやってくるのが、筋力や柔軟性の低下で、運動機能が知らぬ間に衰えてくる。面倒がらずにできるだけ身体を動かすこと、また腰痛や転倒予防の体操等は、スタッフも一緒に行いたいが、決して無理をしないことが大切である。時々は意識してゆっくりと深呼吸をする。また、顔の筋肉も動かそう。目や口の周囲、耳やあごの下など指で押すだけでもよいが、にらめっこなど百面相をしあうのも楽しいと思う。決してシワやタルミの防止ではない。表情を豊かに保ち、視力、視野、涙の出入り、咀嚼や唾液分泌などの機能を維持するために必要である。

面接を続けている樋口さんの不調の一つが目の奥の痛みである。彼の筋力低下は加齢によるものではないのだが、向いに座っている私を見るときですら瞼を上げようと力を入れている。彼の仕事場（パン屋）では、立って作業をしている人が多いので、話をする時など車イスの彼は常に見上げなければならない状況を考えると、眼の周囲の筋肉疲労かもしれない。樋口さんの訴えに、私は暖かいおしぼりで眼の上のホットパックをやってもらうと、本人曰く「これはよく効く」と。私もそうだが、瞼がゆるんでくると、たとえばテレビなども少し下向き加減で見る方が楽なのである。

運動面はまだ気がつきやすいが、感覚の変化にも注意を払いたい。視覚については、老眼への対応が必要になってくる。当事者からの訴えは少ないのだが、度数の異なる老眼鏡を揃えておいてはどうか。細かい作業の時に試しにかけてもらって本人に楽な方を選んでもらえばよい。また、世の中暗く見える白内障や異物感や痛みを伴うドライアイ、他にも加齢により異常がでる眼の病気も多い。視覚の不調はやる気や根気を減少させる。時には失明に至る病気もあるので、気をつけたい。

聴覚については難聴への対応があるが、加齢による場合、補聴器はそれほど有効ではないらしい。私が検査を受けた時、補聴器で音は聞こえても、聞き間違えを防ぐことにはならないと言われた。人間関係が悪くなる原因の中には、聞き間違えによる誤解も相当あるので配慮したい。大事な話し合いや情報伝達の際には、やはり書いたものを用意した方がよい。

触覚や身体感覚の衰えもなかなか自覚できない。もっているものを落としたり、ちょっとした段差につまずいたりふらついたりして思わぬケガをするのは、老化の始まる頃に多い。また、低温ヤケドも要注意である。次回は私が最も気になっている食事と嚥下について考える。

食事と嚥下

次に「食事と嚥下」について考える。

まず、食事の仕方である。昼食時、メンバーそれぞれのユニークな食べ方を見るにつけ、私は彼らの食事面での自立が早すぎたのではないかと思うことがある。食事だけでなく排泄に関しても同じことが言える。障害の有無に関係なく、食事や排泄が自分でできるようになるまでは、親はゆっくりていねいに面倒を見るものである。ひとりでできるようになっても、親を頼りにする子に対しては、文句を言いながらも食事や排泄を手伝うことが多い。ところが、幼い時から親や周りの大人に頼らない「いきなり自立」タイプの子どもがいる。自分の欲求を満たすのに大人を介在させることを知らない子、感覚過敏で人にやってもらうことをいやがる子などである。親や周りの大人は子どもの日常生活習慣の自立を歓迎するもので、自分から依存しない子どもを手伝うことはあまりない。そんな中で、彼らなりの食事のルールや排泄のこだわりなどを身につけてしまうことが多いのではないかと、今更ながら反省している。

さて、加齢に伴い、舌、頬や喉周辺の筋力や反応の低下、味覚や嗅覚の問題、唾液分泌の減少、入れ歯などの問題が出てくる。食べ物を口に運ぶことは難なくできるのに、それを唇で取り込み、歯で噛みくだき、舌でひとまとめにして喉に送り、気管に入らないように弁が閉じて食道へと飲み込む（嚥下）というこの一連の働きが徐々に衰えてくることがある。加齢による機能低下は、本人も周りの人も気づかないまま、いつの間にか起っているのが困りもの、食事介助の支援は、食べ物を口に運ぶのを手伝うだけでなく、手伝う必要のない人もそれがどのように飲み込まれているかを把握しておきたい。

メンバーの食べ方を見ていると、ほとんど噛まずに飲み込んでとにかく食べるのが速い。魚の切り身やハンバーグなども小さくしないで丸のまま口に入れる、なかなか飲み込まないまま、次々と食べ物を口につめ込むなどが気になっている。ひとりで食べている人が突然喉をつまらせ、発見が遅れたりすることのない様に気をつけたい。また加齢がすすむと、気管に入ってもあまりむせないまま、それが肺炎の原因になったりするので調理の工夫も必要になってくる。

食事の基本は、少量ずつゆっくり噛んで確実に飲み込むことだが、今更自分の食べ方を変更したり、介入されたりすることには抵抗があるだろう。せめて主菜の大きさを一口大にしたり、小さな椀に小分けするとかしていきたい。まだ若いメンバーが多いので今の食べ方でも大丈夫なのだが、老化はいつの間にか必ずやってくるもの、以下の配慮は誤嚥予防のために文字通り老婆心で伝えておく。

・食事前の舌の体操（舌を前に出したり唇をなめたりする）や耳とあごの下のマッサージ

・食事の姿勢（少し前傾してあごが自然にひけている状態）と食卓の高さ（腕や肩が楽に使える高さ）への配慮。

・食べづらい物として、噛みにくい固いもの（ワカメなども）、粘っこくくっつくもの（おもちゃや酢めしなど）、パラパラしてまとまりにくいもの（生野菜など）、うす味のもの、みそ汁やうどんのように固いものと汁物が混じっているものなどがある。グループホームでの調理の際に、細かく切る、温野菜にする、香辛料を加える、とろみをつけてあんかけ風にするなどの一手間をかけると食べやすくなる。

とにかく苦労せずに食事できることが、食事の時間を楽しくすると考えている。

中新井先生のこと

林　淑美

社会福祉法人創思苑は、一九九三年に「どんなに障害が重くても地域で暮すことを支援する」「知的障害のある人が自分で決めることを支援する」「知的障害のある人たちが安心して暮らせる社会を作る」を目標として始まりました。その当時、目標を日々の知的障害のある人のかかわりや活動にどう落とし込めはいいか、試行錯誤の日々が続いていました。

その混乱の最中、中新井先生のもとへ無理難題をもって押しかけることになりました。この無理難題とは、「週一回パンジーに来て一緒に活動をしてほしい」、「夕方は職員のために振り返りの会議をもってほしい」というものでした。さらに、「もっと多くのかかわりに悩んでいる人に伝えたいから、『パンジーだより』（パンジーのニュースレター）に原稿を書いてほしい」と追加しました。

今でも、中新井先生との日々を、なつかしく思い出します。一人ひとりが夢中になれるものを見つける、気持ちに付き合う時間が大切、突発的に見える行動の背後には原因がある、これらの言葉は、当時の私たちに深く響きました。そして、私たちが良かれと思ってやっていたかかわりの中には、知的障害のある人にとっては余計なお世話もあったことを知りました。

私も含め当時の職員は先生の背中を見ながら、知的障害のある人の立場にたつ支援者をめざして成長し続けたのだと思います。

中新井先生から、およそ十年間も続けてくださったパンジーのスーパーバイズにいったん区切りをつけたいと伝えられた時以来、私はその教えを本にしたい、そして、知的障害のある人にかかわる多くの人たちに読んでほしいと思ってきました。しかし私はその原稿に一五年以上も手を付けることができず、私の手元にあり続けました。それが、やっと今、日の目を見ることができました。

中新井先生との十年間、毎週同じ空間で先生の知的障害のある人へのかかわりを見、声かけを聞きながら過ごし、夕方からの話し合いでは、中新井先生のかかわりの意図を聞きながら話し合いを重ねてきました。この本には、そのエッセンスが詰まっています。

今、知的障害のある人たちとかかわっている人たちにはぜひ読んでほしいと思っています。その時々に心に響いた文章を読み、知的障害のある人の気持ちにつきあう大切さを感じてほしいと思います。

そして、このエッセンスは、知的障害のある人にかかわる人だけのものではありません。子どもさんとのかかわりに悩んでいる保護者や保育所の職員の人たちなどにも、大切な気づきをもたらすと信じています。地域や時代を超えて普遍的な価値をもった本です。

できるだけそばにいて

滝川峰子

中新井先生が『パンジーだより』に連載していたエッセイを改めて読み返すと、その時の情景を鮮明に思い返すことができた。かかわりの手がかりをさぐっていたのだから、当事者にとっても職員にとっても、しんどい場面が多いのだが、中新井先生の、的確で、とても温かい言葉からは障害をもつ人たちに対しての敬意と、包み込むような優しさが溢れている。そして、それは時には家族や私たち職員にも向けられていた（とんでもなく厳しい一言もあったが……）。週に一回の当事者とのかかわりやミーティングの中で、私たちは多くのことを学んだ。十数年間をふり返って、印象深いことを何人かの職員に聞いてみた。

「中新井先生といえば、いつも岩田さんのそばにいた。作業にかかわることが難しいと思っていた岩田さんが、中新井先生が来ると近づいて、二人で楽しそうに作業をしたり、音楽を聞いたり。とてもうらやましかった。こんな関係を自分も作りたいと思った」

「西尾さんの激しい言葉や行動に戸惑い、右往左往していた時、中新井先生から、西尾さんが本当に求めているのは『心の居場所』だとアドバイスをもらった。表面的なことだけにとらわれず、西尾さんと向き合うことができた」

「池淵さんの調子が良くなったと思ったら、また崩れたりの繰り返しをしている時、それは螺旋階段のように行きつ戻りつしながらも、だんだんといい方向に向かっている、と言われてホッとした」

「みんなで一つの机を囲んで、わいわい作業をする」のがいいと思っていた十数年前、自閉症の人たちにはとってもつらい環境よ、と外的刺激の影響の大きさなどを教えて頂いた。今では「まず過ごしやすい環境作り」が、ごく当たり前のこととして考えられるようになった。その後も多くの専門的知識や、いろんな方向から物事を捉える視点を私たちは中新井先生から学んだ。しかしそれだけでは人が人を信頼したり、本当に心の居場所になることはできない。ゆっくり時間をかけて、できるだけそばにいて、誠心誠意の気持ちを持てば、きっと何か伝わることも同時に教えて頂いた。

最終日に「パンジーは、これからどんなことがあっても大丈夫ですね」といって頂いた。「大丈夫です！」と言いたいところだけど、きっとまた相談に伺うでしょう。本当に長い間お疲れさまでした。ありがとうございました。そしてこれからもパンジーをよろしくお願いします。

（この文章は二〇〇七年五月に書かれたものです）

おわりに

「人の心は二千年変わっていない」

心理学の講義で聞いた言葉を思い出す。二七年前の実践報告だが、今でも参考になる、関係者以外の人にも読んでもらいたいとの声に励まされて本書が出来上がった。たまに保育所の話があって不思議に思われたかも知れない。障害の有無とは関係なく、子育てにかかわる人にも知ってほしいと思いつつ書いていたことがある。

私は一九八七年から十数年に渉り大阪府下の保育所、幼稚園で、障害児保育のスーパーバイザー、キンダーカウンセラーの仕事をした。パンジーでのやり方と同じく、午前中は保育室で一緒に遊び、子どもの午睡の時間や退園後に職員とミーティング、時にはお母さんの相談に応じたりしていた。

三〇年前の四歳児クラスでの出来事。ダウン症のAくんは加配の保育士もつき保育に参加できている。目立っているのは度々注意されているKくん。①紙芝居の最中に突然関係のない歌を歌う、②登園してきた時、前から来た二歳児の頭を理由もなく叩く、③すべり台の上で前に居る子をいきなり押す、などが見られた。知的な遅れがないだけにその動機や原因がつかめず担任を悩ませ、でも相手がいるので、どうしても叱ってしまうという。分かっているのにワザとする反抗的行為、気に入らない友達への攻撃的行動などと判断して対応してしまうと、クラスの友達からも嫌われて、Kくんは居場所を失い自分を肯定出来なくなる。

問題が起こる直前の様子をそばで見ていたら、彼の行動は場面や人の気持ちを理解する力が未熟なために間違ってしまったことが分かる。①は紙芝居の声より隣のクラスの歌に強く反応、本人は保育に参加しているつもりでいる。だからなぜ注意されるのか分からない。声かけよりも紙芝居のすぐ前の席で見るなどの場の工夫を考えたい。②私自身は見ていなかったが、Kくんにとっては「オッス!」

ぐらいの荒っぽい声かけのつもりだったのでは。真正面に出会った小さな子に何か反応したかったのだろう。今回は間違ったが、他児への関心は大事に育てたい。③前の友達がすべらず止まっているので急がせたつもりか。会話は出来るのに自分の気持ちを伝える言葉が使えない。また力加減もできていないので危険な行為になってしまう。「早くすべって」と言えばよいことを分からせたい。

Kくんは今でいう発達障害児だったと思うが、当時はまだ、心身の発達にばらつきのある子への理解は浸透しておらず、保育士さんたちは私の助言に半信半疑の様子だった。Kくんの言葉や動きではなく、今いる場面や状況の理解を補足する場の工夫と、他児の気持ちを想像し自分の気持を伝える適切な言葉を教えて欲しいとお願いしたことを、十年後のパンジーで思い出すことがよくあった。

九〇年代に入ってKくんのように、発達に偏りのある子どもが増えてきたが、彼らは家庭では問題がなく、当時は健診でも注意されなかった。保育の集団に入って初めて不適応行動が指摘され親を困惑させた。慣れた場所、限られた人との間では問題はないが、集団の中や新しい場面での間違った行動には、注意深く接してほしい。

電車内やレストランで、片手にスマホの親が失敗した子どもの行動を頭ごなしに叱っているのを見るとヒヤヒヤする。ＩＴの時代になっても、障害の有無に関係なく人間の子育ては手間ひまがかかるものである。人の心はＡＩのようには動かない。現代社会の時間に合わせて動けば動くほど、子どもの心は見えなくなってしまう。そんな時、一昔前なら老人の出番だったのだが。現代版ポニーの学校はどうだろう。週一回四ヶ月子どもの心を育てる教室だ。障害に関係なく乳児期からの母子通所、働いている親は週一回有給の休みがとれて参加できる。そしてそこに高齢者も働いているなんてことを夢見たりする。

本書をまとめる中で気づいたことがもうひとつ、実習生が来て一緒に仕事をする際、若い大学生と高齢者とではメンバーの心の動きに違いが感じられたことだ。年代が近いほど気持ちが逸るのか、落ちつかない様子である。老人大学受講生の時は、心配したパニックもなくメンバーなりの優しさを見せてくれた。私がパンジーで楽しく仕事が出来たのも、私が高齢であることを感じたメンバーやスタッフたちがゆっくりと一緒に動いてくれていたからに違いないと、今、改めてうれしく思っている。ただ残念なのは、本書の中の数人のメンバーは私より先に旅立ってしまった。彼らの声は私の耳にまだ鮮やかに残っている。ご冥福を祈り、ご家族に心よりお悔やみ申し上げたい。

最後の『パンジーだより』は次のように書き終えた。

パンジーとの一一年のつきあいの中で、私は新しい日本語のキーワードを見つけました。それは「だいじょうぶ感」です。当事者が周りの人だけでなく今起きている状況に対しても感じる「だいじょうぶ感」です。私は多くのメンバーが、支援者と共にそしてひとりで、困難な状況に対応できる「だいじょうぶ力」を身につけていく様子に立ち会うことが出来ました。

「だいじょうぶ感」が「だいじょうぶ力」になるまでの時間にも個人差があります。先日の一一年の緘黙がまるで何もなかったかのような長田さんとの楽しい会話は、私にとって最後の何よりうれしい贈り物でした。どんなにこの日をまっていたことか。大きな喜びをいっぱいくれたメンバーやスタッフの皆さんに感謝しながら終わりにしたいと思います。

本当にありがとうございました。（二〇〇七年一一月）

今回、パンジーメディアの吉田和美さんには本当にお世話になった。私の手書きの原稿をパソコン入力しては電話やＦＡＸでのやりとり、超アナログ人間の私をまるごと支えていただき、心より感謝申し上げたい。そして私の尊敬する創思苑理事長の林淑美さん、二七年前にパンジーでの仕事と『パンジーだより』の場を与えて下さったことに、今、改めてお礼を申し上げる。今も届く『パンジーだより』を読み、パンジーの活動の拡がりと施設から地域移行への努力にいつも拍手を送っている。滝川峰子さんにもありがとうを伝えたい。パンジーを辞されたので、久しくお会いしていないが、私が名コーディネイターと期待していた人だ。この機会に再会できたらうれしい。そしてそして、まるで宝さがしのような絵、ページをめくる楽しみを添えてくださったメンバーの皆さんに、胸いっぱいの喜びと感謝を届けよう。

最後になったが、生活書院の髙橋淳さん、よくぞ出版に導いて下さった。その愛と勇気に感謝感激、ありがとうございました。

中新井澪子

二〇二三年八月　猛暑の東大阪にて

本書のテキストデータを提供いたします

本書をご購入いただいた方のうち、視覚障害、肢体不自由などの理由で書字へのアクセスが困難な方に本書のテキストデータを提供いたします。希望される方は、以下の方法にしたがってお申し込みください。

◎データの提供形式＝CD-R、メールによるファイル添付（メールアドレスをお知らせください）。

◎データの提供形式・お名前・ご住所を明記した用紙、返信用封筒、下の引換券（コピー不可）および200円切手（メールによるファイル添付をご希望の場合不要）を同封のうえ弊社までお送りください。

◉本書内容の複製は点訳・音訳データなど視覚障害の方のための利用に限り認めます。内容の改変や流用、転載、その他営利を目的とした利用はお断りします。

◎あて先
〒160-0008
東京都新宿区四谷三栄町6-5 木原ビル303
生活書院編集部　テキストデータ係

【引換券】
かかわりの
手がかりをさぐる

著者紹介

中新井 澪子

（なかあらい・れいこ）

1938年大阪に生まれる。1961年奈良女子大学文学部（心理学専攻）卒業。

大阪府中央児童相談所で児童福祉司、心理判定員として勤務。

退職後、大阪府ポニーの学校で非常勤セラピストカウンセラー。

1980年、東大阪市療育センターで施設長、相談室長。

退職後、龍谷大学短期大学部非常勤講師、保育所幼稚園訪問指導員等。

1996年～2007年、創思苑にスーパーバイザーとして勤務。

かかわりの手がかりをさぐる

――地域にくらす知的障害・自閉の人たちのそばで

発　行――――2023年10月11日　初版第1刷発行

著　者――――中新井澪子

企画編集―――社会福祉法人 創思苑 パンジーメディア

発行者――――髙橋　淳

発行所――――株式会社　生活書院

〒160-0008

東京都新宿区四谷三栄町6-5 木原ビル303

ＴＥＬ 03-3226-1203

ＦＡＸ 03-3226-1204

振替 00170-0-649766

http://www.seikatsushoin.com

印刷・製本――株式会社シナノ

Printed in Japan

ISBN 978-4-86500-159-4